田辺哲男 NORIO TANABE ビッグバスパターンアカデミー
春・夏 編

WEEKLY BIG BASS PATTERNS

ルアマガbooks
内外出版社

INTRODUCTION

プロフィッシャーマン
田辺哲男

たなべ・のりお／'80年代初頭に単身渡米し、本場のバスフィッシングを吸収。帰国後、現地で学んだ、この釣りの最も基本となる理論"パターンフィッシング"を提唱し、日本のアングラーに多大なる影響を与えた。国内トーナメントで数々のビッグタイトルを獲得し、'93年には世界最大のバス釣り組織「B.A.S.S.（バス・アングラーズ・スポーツマン・ソサエティー）」のトーナメントにおいて、外国人初の優勝を飾る。近年は自らのブランド『ノリーズ』のタックル開発に注力、なおも進化を続けるレジェンドアングラーだ。U.S.A.バスマスターツアー年間ランキング最高位は12位。

　本書は、ルアー・マガジン・モバイルで毎週更新していた田辺哲男さんの連載『MY "BIG" GAME』をまとめたものです。田辺さん自らがビッグフィッシュに特化したパターンを月別週毎に整理し、ときには時事ネタとともに、ときにはプロトテスト中の湖上からでも電話インタビューで聞き取り、アップするという、かなり強引かつヘビーな連載でした。

　しかしその甲斐あって、今なおアーカイブには多くのモバイルユーザーが訪れてくれています。そんなタメになるコンテンツを、より多くのアングラーに届けたい!!　という編集部の願いから、今回、田辺さんにご協力をいただき単行本化に至りました。当時の気象変化や季節変化を踏まえた田辺さんとのタ

イムリーなやりとりがパターン応用のヒントとなるケースが多々あるため、原稿に関しては現在との整合性を図る最小限の改訂に留めていることをご理解ください。

マツ：まずは本書がどういったものであるか、あらためてお聞きしたいと思います。ナビゲーターは、高校生のとき（約30年前）にもらった田辺さんのサインをいまだ自室の仕事机横に飾っているルアマガ編集部のマツが務めます。
　ちなみにワタクシ、30年以上のバス歴がありながら関東で50アップを釣ったことがなく…この本は自分のためでもあるんですね～!!　読者の皆さんに代わって鋭い突っ込みを入れていきますよ。それでは田辺さん、よろしくお願いいたします。

田辺：よろしく。ってなんだよマツ、キミのためかよ（笑）。

マツ：いや、なんだかんだで50アップを釣ったことのないアングラーってけっこういると思うんですよ。だからそんなみなさんのためにも…。

田辺：う～ん、たしかにそうかもしれない。オーケー、まずはこの本で紹介する内容について触れておくよ。基本は、過去に俺が確立したその時期の旬な釣り、デカい魚を狙えるパターンを月別週毎に挙げていきます。

ただ、これだけは覚えておいてほしいんだけど、あくまでこの本で解説するのは、田辺哲男の持ち駒であって、それを活かせるか活かせないかはコレを読んでくれるアングラーしだい。俺が言いたいのは「このルアーを使えば釣れますよ」ではなくて、「この季節には、こんなパターンが存在していますよ」ということなんだ。

マツ：たとえば、フィールドによってすでに季節が進行している場合は、その先を考える必要があるっていうことですね。

田辺：そう。だからその月にプリスポーンの攻略の紹介をしていても、地域によって、「もう産卵終わっちゃってます」というのであれば、翌月のゲームを参考にしてほしい。逆に「まだ冬なんですけど…」というのであれば、前月をチェックするとちょうど良いかもしれない。自分が行く釣り場のタイミングに合わせてほしいということ。

マツ：そうやって自分の引き出しを増やしてほしい、と。

田辺：もちろん、ここで紹介していることをそのまま試してみるのもアリだし、自分なりのアレンジや解釈を加えてみるのもアリ。とにかくバスを手にしなければ始まらない。魚を釣って初めて、記憶に残るゲーム、自分の引き出しになるわけ

だからね。

マツ：よく、釣ってもいないのにルアーについて語っちゃう人、いますもんね。

田辺：それって自分のことじゃないの?(笑)

マツ：ウ…し、失敬な(汗)。

田辺：とにかく、答えは現場にしか存在していない。だから、そこで得るしかない。そのためのヒントとして、この本を役立ててもらえたら嬉しいね。

マツ：個人的にも頑張ります（笑）。それでは本題に入りましょう。

**ルアマガ編集部員
マツ**
バス歴30年以上とキャリアは十分だが、いまだプライベート釣行で50センチオーバーを釣ったことがない永遠の中級者。

CONTENTS

SPRING PATTERNS 春編

3月 March

第1週 ／ 絶対的なビッグフィッシュパターン!!
うろつき系フィーディングバスを狙ったシャローの手数勝負 …… 010

第2週 ／ 春と言えば！のワカサギパターンPART1
マッチ・ザ・ベイトの王道ゲーム!! …… 014

第3週 ／ 春と言えば！のワカサギパターンPART2
バスにスイッチを入れるライトリグの秘密!! …… 021

第4週 ／ 春と言えば！のワカサギパターンPART3
痛い目に遭わない適度な強さの巻き物・三選!! …… 026

第5週 ／ 春と言えば！のワカサギパターンPART4
雨で激濁り…あきらめたくなる状況での打開策!! …… 030

4月 April

第1週 ／ 春爆第二弾PART1!!
毎年、4月10日はスピナーベイトの日!! …… 035

第2週 ／ 春爆第二弾PART2!!
差し口の手前にある変化を狙う、もうひとつの大定番!! …… 041

第3週 / 巻いてダメなときの対処法!!	
タフったメスはスローダウンゲームで攻略せよ!!	046

第4週 / 巻いてダメなときの巻き物!!	
状況変化やプレッシャーに対応する巻きのスローダウン	051

5月　May

第1週 / 魔の5月を打破するパターン筆頭!!	
ベッドのオスを回避できる、最高にイケてるゲーム!!	054

第2週 / ギリギリの巻きの釣りPART1	
巻いて釣れない状況でも巻いて釣りたいアナタへ!!	060

第3週 / ギリギリの巻きの釣りPART2	
"ぷるぷるトゥイッチ"とは、いったいなんぞや？	066

第4週 / 撃って撃って撃ちまくれ!!	
勝負は着底一発!!　浮いた魚狙いの圧倒的ビッグフィッシュパターン	074

第5週 / 上級者向け裏パターン!!	
沈んだバスに寄せて食わせる巻き物マニア道!!	079

夏編　SUMMER PATTERNS

6月　June

第1週 / 巻かないハードベイト!!	
プリと半プリに的を絞ったテクニカルゲーム	084

第2週 / レイダウンミノー・ミッド系応用パターン!!	
カバー攻略に特化したこの時期ならではの選択肢	097

第3週 ／ 続・魔のタイミングで投入する巻き物
ひたすら男引きで"運が悪い日"を克服せよ!!
101

第4週 ／ 最後の切り札
手っ取り早くいいサイズを選んでいける田辺流フィネス
106

7月
July

第1週 ／ 梅雨はトップってホント⁉
ほぼ着水で勝負が決まる、カバー際の攻防!!
112

第2週 ／ 対『沈んだ魚』パターン・巻きの釣り!!
「クンときてゴンッ!!」。縦スト利用のリアクションゲーム
121

第3週 ／ アーリーサマーのスローダウン
ヘビーシンカーならではの、もうひとつのメリット!!
127

第4週 ／ ザ・トップウォーターパターン
オープンウォーターでフィーディングバスを食わせる唯一無二!!
132

8月
August

第1週 ／ 夏はやっぱりトップでしょ!! PART1
マッチ・ザ・エビの選択肢!!
142

第2週 ／ 夏はやっぱりトップでしょ!! PART2
撃つフロッグ!!
146

第3週 ／ 夏はやっぱりトップでしょ!! PART3「アオコ攻略編」
マイナス要素をプラスに転換する複合シェード!!
150

第4週 ／ 夏はやっぱり……でしょ?
ほとんどのアングラーが気付かないマニアックなゲーム!!
154

第5週 ／ 夏の基本、インレット攻略!!
ライトリグやサイトフィッシングをする前にやるべきこと!!
158

COLUMN NORIO'S VOICE

01 クリアウォーターが教えてくれたこと。**071**　02 6月のストロングサーフェスゲーム!! **111**

03 マレーシアで思ったこと。　**138**　04 バスフィッシングは常に進化している。**163**

田辺哲男 NORIO TANABE
ビッグバス
WEEKLY BIG BASS PATTERNS パターン
アカデミー

春

編 SPRING PATTERNS

季節を先取りして動いている個体はデカい。そのことをもっとも強く実感できるのが春だ。暖かい雨、春一番、そして三寒四温…気象変化を味方につけ、スポーニングに至るまでのバスの行動パターンとベイトフィッシュをしっかりリンクさせることができれば、他の季節では味わえないストロングゲームが成立する。

うろつき系
フィーディングバスを狙った
シャローの手数勝負

マツ：田辺さん、ウワサによると本日は某所で某誌の取材だったとか？

田辺：そうだよ。よく知ってるな。

マツ：いちおう、田辺番ですから(笑)。お疲れさまでした!! ってことで余計な詮索せずにお聞きします。3月といえば？

田辺：あいよ(笑)。3月といえば、タイミング的にはあれですよ。

マツ：あれですね。

田辺：ちゃんと分かってるのか？(笑)

マツ：分かってますよぉ〜。クリスタルS、しかも1/2オンスじゃないですか？

田辺：おっ、正解(笑)。

マツ：田辺番ですから(笑)。

田辺：まあ、これはこの時期に絶対に外せない、いわば必殺の

ビッグフィッシュパターンだからな。 クリスタルSはオリジナルとディーパーレンジがメイン。両者の使い分けはその湖の水質を基準に考えている。マッディウォーターだったり濁りが入っている場合は前者、逆にクリアな場所では後者を投入していく。

クリスタルS1/2オンス
[ノリーズ]

クリスタルS
ディーパーレンジ1/2オンス
[ノリーズ]

マツ：この時期にスピナーベイトで狙うのって、どんな個体なんでしょう？　プリスポーンというにはまだ早いような気がしますし…。

田辺：シャローのうろつき系フィーディングバス。ただ、正直に言うとどこにいるのかは俺自身もよく分からないんだ。もちろんフラットでも食ってくるんだけれど、それだけじゃない。シーズナルパターンを考えて地形を絞って、そんなふうに動きを読めるような魚たちじゃないんだな、これが。

　釣ったあとに、「なんでこんなところにいたんだ？」って思うような場所で食ってくるケースが往々にしてある。一発食った場所と同じようなシチュエーションをやっても後が続かない。まるで因果関係がない。再現性がほとんどないんだよ。分かっ

ているのはクリSに食ってくるってこと。

マツ：ということは、とにかくひたすら流していく感じでしょうか？

田辺：そう、手数勝負の釣り。でも、**レンジは決まってるよ。水深1〜2メートル。**もちろん、牛久沼みたいな低地のマッディウォーター系だったら、もっと浅くなるけどね。

マツ：ルアーとレンジだけは分かっている、と。

田辺：あともうひとつ、分かっていることがある。**この釣りで食えば、間違いなくデカいってこと。**

マツ：（う〜む、かっこいいじゃないか）ちなみに田辺さん、1/2オンスを使うのはどうしてなんでしょう？　それこそマッディシャローとか、場所によっては3/8オンスでも良いような気がするんですけど…。

田辺：ルアーを浮かせたくないっていうのがある。水温がまだ上がり切っていないから、浮かせて食わせるんじゃなくて、ある程度リズムを保ちながらも、バスの目線をトレースしたいんだ。いや、実際に3/8オンスも試したことはあるよ。でも、経験上、やっぱり食ってくるのは1/2オンス。3/8でボトム近くをきっちり引こうと思ったら、どうしてもよりスローに巻かざるを得ないからね。ちょっと速くなると浮いてきちゃうし。

マツ：タックルも、コレっていうのがありますか？

田辺：この釣りで俺が使うのはキホン、ハードベイトスペシャルの760ですよ。どこでも投げまくり＆巻きまくりなんだけど、

場合によっちゃスローロールも試すからスイープなロッドワークで動かしたりもするし、サオを立てる場合もあるし、ロングキャストもするしショートキャストで手返し良く入れていくこともあるし、そいうったことをひととおりやれるのがナナロク。しかもフッキングのストロークが長くとれるから、魚がデカくてもしっかり掛けることができる。で、ラインは16ポンドでキマリ。クリＳのベストセッティングが出せるのは、この太さだと思ってるよ。

マツ：なるほど…ちなみにこのパターン、イメージ的に相当やり込まないと結果が出ないような気がするんですけど…かなり根性決めて貫かないと魚に会えないっていう。

田辺：たしかに簡単じゃない。正直、デコる確率も高い。そのかわり食えばデカいのも事実。だからこれからの時期はどこに行く場合でも必ずセットしているんだ。そういうパターンがあるっていうのを、俺は知ってるからね。

TACKLE DATA

- ロッド：ロードランナー・ヴォイス・ハードベイトスペシャルHB760L／カバーが多い場所では760M［ノリーズ］
- リール：カルカッタコンクエスト100DC［シマノ］
- ライン：シーガーR18フロロリミテッドハードBASS16ポンド［クレハ］

【春と言えば！のワカサギパターンPART1】

マッチ・ザ・ベイトの
王道ゲーム!!

マツ：3月2週目ということで、そわそわしてきましたよ～。

田辺： マツはいつもそわそわしてないか?

マツ：………いや、春は特別です。なんてったって"春爆"の時期ですから。

田辺： 春爆ねぇ。そしたら聞くけど、春爆といえるような釣果に恵まれた記憶って、そんなにたくさんあるの？　去年の春とか、どうだった？

マツ：去年の春は、なかったです。一昨年は…ない。あ、でも、その前の年はクリスタルSで40アップをけっこう釣りましたよ!!

田辺： お、やるじゃない。けっこうってことは、ふた桁とか？

マツ：いや、5、6本ですけど…。

田辺： それでもたいしたもんだよ。けっして簡単な時期じゃないからね、1日に40アップを5本釣れば上出来でしょ。

マツ：う………1日じゃなくて、3〜4月の全釣行トータルなんですけど………。一番釣れた日で、2尾、かな(ﾟ_ﾟi)

田辺：マツよ…それは春爆と言えるのか…。

マツ：……………。

田辺：まぁ、いいよ。春は、たしかにデカい個体が釣れる時期ではある。ただしそれは、状況がハマればの話。暖かくなってシーズンインを迎えて、アングラー側のモチベーションが高まるし、それまで厳しい冬を経験してきたから、期待値が大きいのも分かる。でも、そんなに簡単じゃないというのが正直なところ。キミの釣果が物語っているように、春になれば、いつでもどこでも釣れると思ったら大間違い、ということで!!

マツ：ということで!?

田辺：逆に質問します。この時期にもっとも重要なキーワードは何か?

マツ：春といえば、やっぱりシャロー!!(きっぱり)

田辺：なぜそう思う?

マツ：春といえばスポーニング(産卵)シーズン。そしてスポーニングエリアといえばシャロー。お約束ですよ。

田辺：お約束ですか…(冷笑)。マツよ、いま話しているのは何月の話だよ?

マツ：3月です。

田辺：だよな。キミの住んでる千葉界隈は、3月にバスが産卵するのかな?

マツ：いや、まだちょっと早いです。後半になれば、マッディシャローでもしかしたら気の早い個体が、といった感じですかね。

田辺：だよな。全国的に見ても3月、特に上旬はようやく冬が終わったくらい。九州だってまだ桜が咲いてないぞ。そこで産卵からシャローを連想するのは早すぎやしませんか?

マツ：(た、たしかに…)あ、ベイトフィッシュ…?

田辺：そう、そっちだろ。なぜバスがシャローに差すか。2月に入って表層が温められると浅いレンジにプランクトンが湧く。必然的に、それをエサにしている小魚が浮く。だからバスも浮くという図式が成立する、というのが大きな枠組み。そこからの流れで考えれば、ベイトフィッシュこそが最重要キーワードだということが分かるでしょ。

もちろん春に限らず、バスを探すうえで大きなヒントになるのがエサの存在。極端なことを言ってしまうと、シーズナルパターンに則したエリアのどんなにゴージャスなカバーであっても、そこにエサがいなければ少なくともヤル気のあるバスはいないと考えていい。

マツ：いや、実は僕もベイトフィッシュだと思ってたんですけど、空気感から間違えたほうが田辺さんも突っ込みやすいかなと思いまして…。

田辺：電話切っていいか?

マツ：す、すみません(汗)。

田辺：まぁいいよ。この時期はとにかくベイトフィッシュ。な

かでも、俺的に注目したいのはワカサギ。関東周辺だと房総半島や相模川水系の各リザーバー、富士三湖（西湖、河口湖、山中湖）なんかがそうだけれど、これからの時期、絶対に無視できない存在だからね。実際、取材で各地に行くと分かるんだけれど、関東に限らず、関西方面でもワカサギを入れてるリザーバーってけっこう多いんだよ。

　まあ、全部が全部じゃないけれど…少なくともワカサギが生息している湖ではこういうパターンがあるから試してみてよって感じで3月のゲームを紹介していくね。それこそ、ハマると強烈だから（笑）。

㋹ツ：ハマると強烈!　ぜひ、よろしくお願いいたします。

田辺：使うルアーは多々あるんだけれど… まずなぜこの時期にワカサギパターンなのかっていうのは分かるよね?

㋹ツ：ワカサギの産卵期だから、ですよね。

田辺：そう、だからエリア的には当然ワカサギが産卵する場所を意識していくことになる。湖にもよるけれど、リザーバーだったらそれこそ高滝湖みたいにメインリバーのバックウォーターに遡上したり、富士三湖だったらウィードの絡む砂礫底のフラットだったり。いずれにしても**ワカサギパターンに共通しているのは、やはりシャローの釣りだということ。**ワカサギが産卵するのがシャローだからね。

　その中で一番最初に挙げるべき王道の展開はというと、ワカサギサイズのミノーとなる。ノリーズのラインナップだと、レ

イダウンミノーのレギュラーとジャストワカサギ、ミッド110、110SP、それにレイダウンミノー・ディープのレギュラーやジャスワカ(ジャストワカサギ)だね。

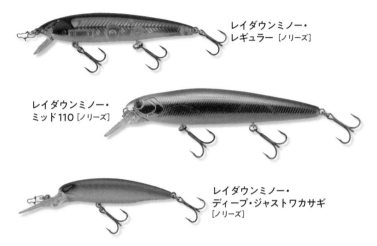

レイダウンミノー・レギュラー［ノリーズ］

レイダウンミノー・ミッド110［ノリーズ］

レイダウンミノー・ディープ・ジャストワカサギ［ノリーズ］

マツ：まさにマッチ・ザ・ベイトだと。それぞれの使い分けは水深と考えて良いのでしょうか？

田辺：良いです。ワカサギがシャローに差していてバスがフィーディングモードに入っているなら、オリジナルのショートリップでいい。**じゃあ、どういうタイミングでフィーディングに入るのか？　経験上、その絶対条件はローライトだよ。朝、夕、雨。この3つ。**

でね、そうじゃないときは一段深いところに落ちてしまう。このときにディープが出番になるんだけれど…落ちた魚もたまに捕食行動をとっていたりはする。でも、どちらかといえば

ニュートラルな状態だから口を使わせるのは難しいんだ。

マツ：日が昇ると反応が変わってくる…ということはバスの活性に合わせてアクションも変わってきたりするんでしょうか？

田辺：変わってくるね。フィーディングに入ってヤル気満々の状態ならただ巻きで食う。準ヤル気の魚に対しては、速引きでリアクションで食わせる。ただ、意外にないのがジャークとかトゥイッチといったロッドワークによるアクション。どこに行っても、ワカサギパターンのミノーイングでジャークで思いっきりハメたっていう経験はほとんどないんだな、これが。

マツ：たしかにそれは意外ですね。ちなみに田辺さん、サイズの使い分けは…その場のワカサギに合わせていけば良いですか。

田辺：基本はね。ただ、ワカサギってメスがオスよりもひと回

バスの状態によってスピードは変えるが、アクションの基本はただ巻き!!

り大きいんだよ。だから俺の場合、**パターンがハマっている最中にルアーのサイズを上げたりもする。**それまでジャストワカサギを使っていたけれど、レギュラーとか110を投入したら食ってくるバスのサイズがデカくなったっていう経験をけっこうしてるんだ。

マツ：今まさに釣れているタイミングでルアーのサイズアップを図ると。

田辺：そう、これぞ時合いっていうときにあえてローテーションする。でも、そういうタイミングってほぼ風の吹いている夕方か、もしくは雨で強風の日限定だね。ちょっと釣りづらいくらいのコンディションじゃないと。普通の状態のときはまずないな。

マツ：なるほどぉ。まずはサイズも合わせることが重要ってことなんですね。ちなみにワタクシ、最近、ぜんぜんミノーで釣った記憶がなく…(汗)。

田辺：まずは釣りに行きましょう。話はそれからです。

マツ：はひ…(大汗)。

TACKLE DATA

■ロッド：ロードランナー・ヴォイスLTT630M、LTT650M、
　　　　　ハードベイトスペシャルHB630 L、HB680Lなど［ノリーズ］
■リール：バンタムMGL、カルカッタコンクエスト100DC、
　　　　　アンタレスなど［シマノ］
■ライン：シーガーR18フロロリミテッド8～12ポンド［クレハ］

バスにスイッチを入れる ライトリグの秘密!!

マツ：田辺さ〜ん、おりきさわボートさん（※亀山湖のボート店）のブログ見ましたよ〜!!　一昨日、亀山に行って良い釣りしてましたね!!

田辺：お、あいかわらずチェック厳しいな（笑）。まあ亀山は普通に釣れた感じだけど、昨日の高滝は完全にハマったよ。

マツ：え?　連チャンだったんですか?

田辺：うん。ただ昨日はとにかく寒かったから、15時くらいには切り上げちゃったけど。

マツ：昨日は本当に寒かったですもんね…ちなみにハマったっていうのは、どのくらい?

田辺：俺が16本、同船者が9本の船中25本。

マツ：ワッツ?　……サ、サ、サイズは?　一番デカいのでどれくらいですか?

田辺：デカいのはね、1700くらい。下が1200。

ﾏﾂ：せ、せんななひゃく？？　しかも下が1200って…全部40アップってことですか…ルアーは何を使ったんですか？

田辺：まさに先週紹介したジャスワカだよ。ディープじゃないほうね。それで14本。

ﾏﾂ：ってことはただ巻きですか？

田辺：そう、ミディアムリトリーブでね。そこがキモ。ファストリトリーブじゃダメ。いや、俺自身もびっくりしたんだけどさ、今回、同船者はいろんなミノー投げてたんだよ。でも、釣れるのは俺だけ。で、ジャスワカを持ってないって言うから、渡したらそこから同船者も釣れ始めてね（笑）。本当にホントの話だよ。

　ほら、自分ひとりで釣ってるとまずほかのルアーなんて試せないでしょ。ましてや他社のルアーとか同じタイミングで投げるなんてほとんどできないわけだ。だから今回はあらためて驚いたよ、やっぱジャスワカなんだなって（笑）。

ﾏﾂ：先週紹介して、今週ハメるっていうのがオシャレですね～‼　ちなみに残りの2本は何で釣ったんですか？

田辺：3-1/2インチのレディーフィッシュ。ジグヘッドリグだよ。

ﾏﾂ：ってことはもしかして今週は…？

田辺：うん、今週は王道ワカサギパターンの2つめってことで、このリグを挙げるよ。もちろん、狙う場所の考え方は前回と同じ。レイダウンミノーとのローテーションは時と場合にもよるけれど、風があったりちょっと濁りが入っているようなときは

レイダウンミノー、凪いでいたりクリアならレディーフィッシュっていうのが基本的な考え方。まぁ、どっちも試してみるけどな。

とにかくこれも食うんだよ、なんなんだろうな(笑)。**ワカサギ付きのバスはレディーフィッシュが好きだよね。**

**3-1/2インチ・
レディーフィッシュ
[ノリーズ] ジグヘッドリグ**

この時のジグヘッドはスキップインザシェード（エコギア）を使用。通常のオープンエクスポージャーのセッティングではフックサイズ#1（上）を、根がかりが頻発する場所では#1/0をチョイスし、セルフウィードレスでリグる（下）。

マツ：大好きですよね〜‼　僕も何度お世話になったことか‼（笑）　ちなみに、田辺さん的にジグヘッドのウエイトはコレがいいっていうのはありますか。

田辺：狙う水深にもよるんだけれど、ベースは3/32オンス。けっして軽いわけじゃないんだな、これが。水深が1メートルであっても、ね。次が1/8。で、最後に1/16。こういう釣りだと「軽いほうが良いのでは?」って思うかもしれない。でも、**経験上1/16オンスが良かったってことはあまりないんだ。**俺はその理由を知ってるけど、これは企業秘密だよ(笑)。

マツ：ヒントくらいは…。

田辺：ヒントはねぇ、スイッチ。あと、考え方としてはジャスワカディープの速引きにも通じるものがある。あと、ボートポジションも大切。

マツ：リアクション、ですか？

田辺：違います。まあ、けっして軽ければいいってもんじゃないことを覚えておいてくださいな。

マツ：重いほうが良い…なぜ…飛距離かな…それとも…。

田辺：なにぶつぶつ言ってるんだよ。そんなに悩むな(笑)。じゃあ、ここだけの話な。ボトムにコンタクトした際に砂煙が上がるでしょ、重いほうが。それでスイッチが入るケースがあるんだよ。スイミング中の動きも不規則だしね。**この釣りは、重めのジグヘッドだからこそのものだと俺は思ってるんだ。**

ボトムにコンタクトした際の砂煙がバスにスイッチを入れる!!

マツ：なんと！　砂煙。では、アクションの付け方は？

田辺：スイミングでもいいし、ミドストでもいい。そのあたりはいろいろ試してみるといいよ。

マツ：スイミングもミドストもいまいち苦手なんですが…田辺さんのタックル、教えてください。

田辺：ロッドはストラクチャーの630MLS-ULFt、ソリッドティップのやつです。とにかくちょっとしたボトム変化、それこそ砂や砂礫に軽くスタックした感覚も把握できるんだ。それによって、そこから食わせのアクションに移行できるようになる。ティップが硬いロッドだと何の引っ掛かりもなくスルーしちゃうからね。で、そういう場所ってやっぱり食うんだよ。バットが強めだから、フックの軸が太かったり、ワームをセルフウィードレスでセットしていても、デカい魚の硬いアゴにしっかりフッキングできるしね。

　あと、ラインは基本5ポンドだな。ディープの釣りじゃないし、食ってくる魚のサイズがデカいから、ちゃんとアワセを決めるためにも5ポンドがベスト。ジグヘッドを軽くするなら4ポンドや3ポンドもありだけど、さっきも言ったとおり"重め"がカギだからね。

　そうだよ、マツ、どうせまだ初バス釣ってないんだろ？　この週末に高滝に行ってきたほうがいいぞ。

マツ：…………(汗)。

TACKLE DATA

■ロッド：ロードランナー・ストラクチャーST630MLS-ULFt [ノリーズ]
■リール：ステラ2500 [シマノ]
■ライン：シーガーR18 フロロリミテッドハード BASS5ポンド [クレハ]

痛い目に遭わない
適度な強さの
巻き物・三選!!

マツ：すっかり春って感じになってきましたね!! こうなると巻きの釣りを繰り出したくなります。

田辺：たしかにモチベーション的にはそうだろうな。でも、いかにも春らしくなったからと言って強気に攻めると…。

マツ：痛い目に遭いますよね。

田辺：そう(笑)。そこで今週もワカサギパターンの続き。そんなに風が吹いてはいないんだけれど、でも巻いてハマる可能性がある釣りを挙げようと思う。

マツ：それはミノーではなくて?

田辺：じゃなくて。もうちょっと強さがほしいようなシチュエーションだな。

マツ：スピナーベイト、でしょうか?

田辺：それだと強すぎてしまう、というようなタイミングの釣

り。ズバリ言ってしまえばインザベイト、プロリグスピン、あとブレードスピンリグ。この3つ。同じ巻きの釣りでも、いわゆる**プラグやワイヤーベイトの巻きの釣りとは、魚に訴える力が違う**っていうのかな…。

マツ：その場合、プロリグスピンやブレードスピンリグにセットするワームはシャッドテールだったりするんですか？ スプーンテールみたいな。

田辺：いやいやいや、前回と同じ。3-1/2インチのレディーフィッシュとか、ラッテリーのショートカットとか、ストレート系だよ。

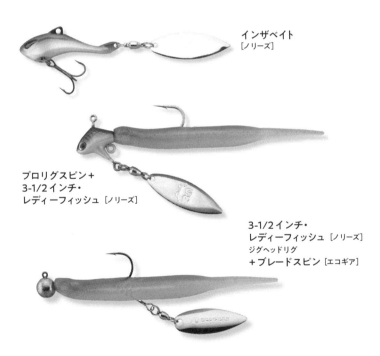

インザベイト [ノリーズ]

プロリグスピン+
3-1/2インチ・
レディーフィッシュ [ノリーズ]

3-1/2インチ・
レディーフィッシュ [ノリーズ]
ジグヘッドリグ
+ブレードスピン [エコギア]

シャッドテールでも食わないことはないけれど、**ワカサギパターンでは絶対的にストレートのほうが効果が高いね。**

マツ：う〜む、確かに効きそうですね。この3つ、それぞれ使う状況は違うんですよね。

田辺：うん。風がほぼないような状況ではブレードスピンリグ（ジグヘッドリグ＋ブレードスピン）、それよりももうちょい吹いていればインザベイトかプロリグスピンを入れていく。あとはレンジだな。基本はやっぱりシャロー狙いだよ。深くてもせいぜい2.5メートルまで。で、**インザベイトとブレードスピンは中層、プロリグはボトムすれすれを通すのが基本です。**

でね、**この手の軽めのリグを横に引くときのタックルは、なんと言ってもスピニングのPEセッティングだよ。** スピニングならではのラインスラックを上手く使うことで浮き上がらせずに一定層を引くことができるし、遠くで掛けてもちゃんとアワセが効くしね。PEって聞くだけで引いちゃうアングラーもいるかもしれないけれど、だまされたと思ってまずは実際に試してみてほしい。だまされてないって思うはずだから（笑）。

マツ：ミノーがあって、ジグヘッドリグがあって、そして今回の3つ。「ワカサギパターン？　まかしとけ!!」って感じですね（笑）。

田辺：まだあるからね。来週もワカサギパターンだよ（笑）。まぁ、ここまでの3回でだいたいは乗り切れるはずなんだけれど…。

マツ：けれど…？

田辺：これまでのパターンではどうにもならない状況ってのが

ある。とくにリザーバーでね。じゃあ、どんな状況なのか、どんな釣り方なのか?

マツ：宿題ってことですね(笑)。

田辺：ハイ。みなさんも考えてみてください。

TACKLE DATA

■ロッド：ロードランナー・ヴォイス・ハードベイトスペシャルHB660MLS-SGt［ノリーズ］
■リール：ステラ2500［シマノ］
■ライン：PE 0.6号
※リーダーはシーガーR18フロロリミテッド8ポンド［クレハ］をひとひろ
（リールに巻きこまないくらいの長さ）

雨で激濁り…
あきらめたくなる状況での
打開策!!

マツ：あれ…もしかして田辺さん、今日って取材だったのではないでしょうか?

田辺：そうだよ。

マツ：(う〜む、お疲れのようす?)いま、インタビューしても大丈夫ですか?(どきどき)

田辺：大丈夫ですよ。

マツ：ハイ(ほっ)。ではさっそく、今週のパターンをお願いします。

田辺：了解。前回までワカサギパターンの王道を3つ解説してきたわけだ。で、今回はイレギュラーな状況。これまでの3つじゃどうにもならないときの話なんだけど…状況と釣り方、考えてみた?

マツ：とくにリザーバーで、ですよね。ワカサギを飽食しきって

お腹いっぱいの状況…とか?

田辺：…あ?　なんだって?

ﾏﾂ：いや、なんでもないです。たとえば…雪代が入っちゃった、みたいな?

田辺：違います。もっとシンプルな話だよ。まあ、天然湖ではあまりないな。春のリザーバーで起きやすい状況変化といえばひとつしかないでしょ? めんどくさいから答えを言っちゃうと（笑）、濁りだよ。**雨が降って激濁りになってしまうと、これまで紹介したパターンは効かなくなってしまう可能性が高い。**そりゃ、雨が降っている最中とかは別だよ、濁りの入り始めはむしろ絶好のタイミング。

　でも、そうじゃなくて、朝、湖に着いたら激濁りになってました、という状況。現場を見てがっかりしちゃうような…少しでもクリアな水が注いでるインレットを撃っていくしかない、みたいなね。でも、そうなるとワカサギパターンうんぬんではなくなってしまうでしょ。だから、そっちじゃない。ワカサギの居場所は変わらないし、そんなときにハマるルアーがあるんだな。

ﾏﾂ：なるほど。いや、うすうすそうじゃないかな、と思ってたんですけど（笑）。

田辺：じゃあルアーは?

ﾏﾂ：僕ならスピナーベイトですけど…。

田辺：まぁ、それもありだけどな。もうちょいマニアックに、でも俺の中で手堅く釣れるルアーがある。バイブレーションだよ。

具体的にはエントリーとジェッター。**ワカサギパターンのベースとなるハードベイトはミノーやシャッドだけど、それじゃあ弱すぎる。だけどシャロークランクでは食ってくれない。そこで「スイッチ入れちゃうよ」系のルアーがバイブレーションなんだ。**

エントリー
[ノリーズ]

TG
ラトリンジェッター
[ノリーズ]

マツ：ほ〜そう来ましたか!?

田辺：「そう来ましたか」じゃないよ。キミにそんな引き出し、ある?

マツ：ないです!!（きっぱり）

田辺：だろ（笑）。多用するのはエントリー。基本、レンジ自体は浅いからね。そうだな、水深0.5〜1メートルはエントリーを入れて、1メートルより深いところはジェッターを使う。なにせ濁っているシチュエーションが前提だからね、「こんな浅いところに?」って思うような場所にもワカサギが入っていたりするんだよ。当然、バスもいるわけだ。

マツ：う〜む、これは試してみたいですね。

田辺：「これは」っていうのは、ほかは試してみたくないってこ

とか?(笑)

マツ：いや、そうではなくて…ほかの釣りはかなり頭の中でイメージできたんですけど、今回はまったく予想していなかったので…(汗)。

田辺：甘いな(笑)。ワカサギが絡むタイミングで、あきらめたくなるような濁りが入ったときのシャローフラットで、ぜひトライしてもらいたい釣りだね。**巻く速度は、水深に合わせてたまにボトムにタッチするくらいのスピード。** ドシャローだったら当然速くなる。けっこう速くても反応してくれるんだよ。

マツ：リフト＆フォールとかは…。

田辺：しない。テンポ良く投げて巻いてを繰り返していけばい

い。その点も踏まえて、この釣りでのロッドはハードベイトスペシャルの640MLがメイン。何と言っても手返し良くアプローチできるし、魚も弾かないから。

バイブレーションはね、硬すぎるロッドじゃダメなんだ。そりゃウィードエリアで引くならもうちょい強くてもいいけれど、ワカサギパターンの場合はオープンウォーターだからね。しっかり投げられて、上手く巻けて、魚を乗せられる、というのがとっても大切。LTTなら650MHぐらいがいいな。状況的にはロッドを立ててドシャローを巻くイメージだから、長めのロッドも使いやすいんだよね。

まあ、エントリーもジェッターも、ちゃんと考えて作っているから根がかりづらいし、これはこれで覚えておいて損のない切り札だよ。

マツ：バッチリ、インプットしました!!

田辺：お、それはそうと、マツ、初バス釣ったのか?

マツ：…あ、田辺さん電波が悪いみたいなんで…取材後のお疲れのところ、ありがとうございました!!

田辺：まだなワケね。

マツ：…………(ＴＴ)

TACKLE DATA

■ロッド：ロードランナー・ヴォイス・ハードベイトスペシャルHB640ML、
　　　　　LTT650MHなど［ノリーズ］
■リール：カルカッタコンクエスト100DC［シマノ］
■ライン：シーガーR18フロロリミテッドハードBASS14ポンド［クレハ］

第1週 【春爆第二弾!! PART1】

毎年、4月10日は
スピナーベイトの日!!

マツ：(前々日に春の嵐が到来したのを受けて)一昨日の天候はひどかったですね〜‼ その前から寒の戻り的な気候が続いていたし…。

田辺：たしかにひどかったな。俺も某誌の取材だったんだけど、さすがにあの日は中止にしたよ。

マツ：あれだけ風が吹いたら、キビシイですよね。ってことは再取材ですか?

田辺：いや、2日間のスケジュールで組んでたからね。前日に良いのが釣れたから、まあ誌面的には問題ないかな、と。

マツ：良いのっていうのは?

田辺：1800。ほかにもいいサイズが釣れてるけど、一番デカいのはそれ(笑)。

マツ：せんはっぴゃく…ルアーは?

田辺：まさに今週紹介しようと思ってたやつ、クリS(クリスタルS)ですよ。

マツ：春のスピナーベイトってことですね。

田辺：そう。先週までのワカサギパターンは、もちろん山上湖なんかではこれから始まるところもあるから引き続き頭の中に入れておくとして、もう低地系なんかはいろんな魚が動き始めてるでしょ。だから、そっちの展開も考えていく必要がある。

マツ：スピナーベイトに関しては、3月1週目にも登場してますけど、そのタイミングといまのタイミングは狙ってる個体が違うのでしょうか?

田辺：違う。冬の終わりのスピナーベイトは、とにかく投げ倒して、どこにいるか分からない魚を拾っていく釣り。対して今回のは、**いわゆる差してくる魚を狙っていくパターンだな。**ここからはもう、スポーニングに絡む個体がシャローにどんどん入ってくる。そのタイミングでの王道は、やっぱりクリスタルSになる。

　ただね、経験上、スピナーベイトががっつりハマるのって、意外に関東だと"4月10日"っていうのがキーになることが多いんだよ。今回の取材は、その一週間前でちゃんとハマってるわけだけど、例年だと10日あたりから爆発するっていうケースが多いんだ。ワカサギパターンのあとにやってくる、春爆第二弾っていう感じだね(笑)。もちろん、天候なんかも重要なんだけど、忘れられない10日っていうのが結構ある。

マツ：それは、水温に関わらずっていう感じなのでしょうか?

田辺：うん、要するにバスたちはさ、これから行なう産卵という
イベントに向けて、いつ動いたらいいのか本能的に察知してる
んじゃないかな。ほら、桜は、気温が高い日が続くと開花しちゃ
うけれど、寒の戻りで気温が下がってもそのまま膠着状態に
なったりするでしょ。

　でも、バスの場合は、もし卵を産んでしまっていきなり水温が
下がったら、それこそ種の保存に関わってくる大問題なわけだ
よ。鳥みたいに、自分では卵を温めることができないからね。で、
ここから先はちょっとくらい冷え込んでも大丈夫っていうのを
日照時間から感じ取ってたりするんじゃないかな。**だから暖冬
とか、春が寒い年であっても、桜みたいに大きくズレたりしな
いんだと思う。**あくまでも仮説だけどさ。

マツ：なるほど!!

田辺：だから意外に（シャローに）上がりだすと産卵行動に移る
のは早かったりする。まぁ、個体差があるから産卵そのものは
だらだらと続くけれどね。で、まだ今はオスもメスも上がり始め
ているタイミング。ベッドを意識しているわけじゃないから当
然エサも食う。これがベッドを作り始めちゃうと巻き物自体が
効かなくなっちゃうんだけれどね。

マツ：この場合のスピナーベイトは浅いレンジをチェックしてい
くわけですよね。当然、場所もスポーニングエリアに絡んでくる
わけでしょうか?

田辺：もちろんです。分かりやすいのはワンド状のシャローフ

ラット、あるいはそこに隣接するフラット、とかね。

マツ：クリスタルSでも種類があるじゃないですか。このタイミングでメインに使うのはコレっていうのはありますか？

田辺：湖のタイプによって変わってくるからな…**でも俺の中での基本はオリジナルの1/2オンス。**なぜかというと、今回の取材もそうだったけれど、このパターンががっつりハマるのって風が吹いている日なんだよ。だから、風に負けずに投げることができて、なおかつゆっくり引けるっていうのを考えると、必然的に1/2オンスになるわけだ。風が吹いてもたかが知れてる場所、たとえば山に囲まれたリザーバーなんかだったら、シャローロールやオリジナルの3/8オンスでも問題ないけれどね。

　3つの中で一番浅いレンジを引きやすい(浮き上がりやすい)のがシャローロール。タンデムコロラドゆえのバイブレーションの強さが特徴。オリジナル3/8オンスは、1/2オンスよりも浮き上がりやすいけれど、シャローロールよりもやや下のレンジを引きやすい。強さ的には、3つの中ではもっとも控えめ。

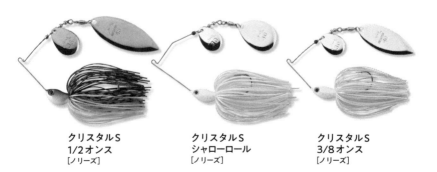

クリスタルS
1/2オンス
[ノリーズ]

クリスタルS
シャローロール
[ノリーズ]

クリスタルS
3/8オンス
[ノリーズ]

マツ：この3つは必要だよ、と？

田辺：スピナーベイトマスターを目指すなら、この3モデルは使い分けられるようにならないとね。基本、3つとも強いスピナーベイトなんだよ。でも、強さの度合いは違ってくる。それを風だとか、濁りだとか、流れだとか、水深だとか…いろいろな要素に合わせて使い分けないとね。

マツ：でも、田辺さん、牛久沼みたいにけっこう浅いマッディシャローのフラットでオリジナルの1/2オンスを多用してますよね。それこそ水深が1メートルもないような…それは何か理由があるのでしょうか？

田辺：マッディ系って、シャローにカバーが多いでしょ。代表的なのはアシとかガマとか、もちろんブッシュなんかもある。となると、トレースコースに茎が倒れていたり、水中に枝が伸びているケースが多々あって、それをまたいで巻いてこなければならない。そのときに、**障害物越しのスピナーベイトが、越える直前までちょっと深いレンジをボトムと平行に移動させたいっていうのが最大の理由。**

これが3/8だと、ラインが障害物の上に乗った状態で巻いたときに軌道が表層に向かってしまう。アシの茎や

ラインが障害物をまたいでも1/2オンスなら越える手前まで深いレンジを引くことができる。

ブッシュの細枝をつぶしながら引くイメージだね。っていうか、マツはそういう場所で1/2を使わないの?

マツ：僕ぁ、どこでも3/8派です。

田辺：そうやって決めつけちゃうから4月になっても初バスが釣れないんだよ。臨機応変に対応しなくちゃ、な(笑)。

マツ：…………(TT)

TACKLE DATA

- ロッド：ロードランナー・ヴォイス・ハードベイトスペシャル HB760L/カバーが多い場所では760M [ノリーズ]
- リール：カルカッタコンクエスト100DC [シマノ]
- ライン：シーガーR18 フロロリミテッドハード BASS16ポンド [クレハ]

【春爆第二弾!! PART2】

差し口の手前にある変化を狙う、もうひとつの大定番!!

マツ：あら、田辺さん、もしかして今、釣りしてます?

田辺：お、なんで分かるんだ？　高滝湖に浮いてます。

マツ：受話器越しに風の音が聞こえますから(笑)。ってもしかして取材中でしょうか?

田辺：いや、今日はプライベートだから話していても大丈夫。

マツ：ありがとうございます。ではさっそく本題に、とその前に高滝、釣れてます?

田辺：こないだほどじゃないけど、とりあえず二桁はいったよ。

マツ：に、にけた…ルアーは?

田辺：また、ジャスワカ(レイダウンミノー・ジャストワカサギ)だよ。いろいろ試してるんだけど…やっぱりそれを超えられないんだよ。「自分を超えられない俺」って感じだな(笑)。

マツ：う〜む、ぜいたくな悩み？　サイズも良いんですか?

田辺：いや、一番良いので1400くらい。やっぱり季節が進んでサイズが落ちてきている感じはするよね。

マツ：せんよんひゃく…充分でしょう。いまだ初バスを手にしていない僕からしたら…ちなみに本湖とかもやってるんでしょうか?

田辺：今日は本湖だよ。川筋は濁りが入ってるからね。濁りの境目で巻いてるとドンッ!!　って感じだな。

マツ：(う〜むウラヤマシイ…だから、これ以上聞きたくない)スミマセン、釣りを長く中断させてしまうのは申し訳ないので、本題に入りますね。

田辺：おいよ。まあ、こんな感じで、まだワカサギパターンも続いているわけだけれど、前回に引き続いて、ワカサギレイク以外での展開を解説していくよ。

マツ：前回はスピナーベイト、クリS三兄弟だったわけですが、今回は?

田辺：そりゃクランクベイトでしょ。潜行深度の違うクランクで2メートルダイバーくらいまでをいくつか用意しておきたいところだな。

マツ：そのココロは?

田辺：スピナーベイトは完全にシャローに差している魚を狙うんだけれど、クランクの場合は差す寸前の個体を狙うイメージ。 そうだなぁ…そのレイクにもよるけれど、だいたい1.5メートルくらいを基準に、差し口の手前にある変化を狙っていく感じだ

ね。この場合の変化っていうのは、ブレイクでも良いし、クイでも良いし、岩でもなんでもかまわない。

マツ：そういった場所に待機しているような魚を狙うということでしょうか?

田辺：お、冴えてるな(笑)。そこから、水温が上昇したり、風が吹いたりすればシャローに差してくるわけだ。そうなるとスピナーベイトがいい。でも、風がない場合、そういったちょい手前の魚を狙っていくのがクランクなんだよ。でね、この釣りにはひとつ重要なキモがある。なんだと思う?

マツ：赤いカラーを使う!! 春は赤!! どうですか?

田辺：…………。

マツ：あら、違います?

田辺：まあ、濁ったら赤を使うこともあるもけど(笑)……もっと根本的なことだよ。答えを言っちゃうと、**必ずヒラを打たせる。これがキモ**。要するにそこにあるモノにちゃんとぶつけられる潜行深度のクランクを選ぶことが重要なわけだ。

マツ：この場合のモノっていうのはクイとか…。

田辺：ボトムでもかまわない。岩でもいいし。

マツ：リアクション

この時期のクランキングはモノに当ててヒラを打たせるのがキホン!!

043

で食わせるってことですね?

田辺：そういうことです。で、**そういった変化が必ずしも同じ水深にあるわけじゃないでしょ。だから、いくつか潜行深度の異なるクランクを用意しておくわけだ。**俺の場合、ベースとなるのはショットのフルサイズ。それより浅いところはオメガビッグ62、深いところはオーバー2。この3つがあればだいたい事足りるかな。

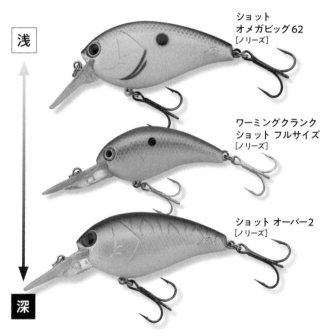

浅
ショット オメガビッグ 62
[ノリーズ]

ワーミングクランク
ショット フルサイズ
[ノリーズ]

ショット オーバー2
[ノリーズ]

深

マツ：ズバリ、この3つにベストなロッドは?

田辺："マスターオブクランキング"、ハードベイトスペシャルの710LLだね。

㋮：え？ 710ってことは…7フィート1インチですよね？ 長っ‼

田辺：もしかして、取り回しが悪いんじゃないかと思ってる？

㋮：……い、いや……はい。

田辺：いやいや、俺がそんなサオ作るワケありませんから（笑）。ルアーの重さをしっかり背負ってくれるから、無駄な力を入れる必要がない。だからとにかく投げやすい。ロングキャストはもちろん、精度も高くなるわけだ。しかも長さがあるぶん、ちょっとくらいミスしてもメンディングや保持位置でトレースコースを調整できてしまう。

　フッキングに関しても絡め取るっていう表現がピッタリなロッド。というのも710はテレスコピックで、バット下部にブランクスが重なる部分を作ってある。だから、しなやかだけどバットは強い。吸い込みが良くて、なおかつフックのカエシまでしっかり掛かるわけだ。"マスターオブクランキング"のサブネームは伊達じゃありませんから。

　というわけで、そろそろ釣りを再開してもいい？(笑)

㋮：ありがとうございました。このあとも頑張ってくださいませ‼

TACKLE DATA

■ロッド：ロードランナー・ヴォイス・ハードベイトスペシャルHB710LL、
　LTT650Mなど［ノリーズ］
■リール：カルカッタコンクエスト100DC［シマノ］
■ライン：シーガーR18フロロリミテッドハードBASS14ポンド［クレハ］

タフったメスは スローダウンゲームで 攻略せよ!!

マツ：先週、あのあとはどうだったんですか?

田辺：そんなには釣れなかった。5本追加して終了。結局、サイズも1500は超えなかったね。

マツ：(5本で「そんなには釣れなかった」って…汗)ところで田辺さん、今週は西のほうへ行ってるみたいですね?

田辺：お、なんでキミがそんなこと知ってるんだよ(笑)。

マツ：何年田辺番やってきたと思ってるんですか? しかも琵琶湖でいい魚釣ってましたね～グリッパーで!! あの魚はアフターなんでしょうか? それともプリ?

田辺：いや、なんとも言えないな。基本的に琵琶湖は今ミッドスポーンの状態で巻いて釣るのは難しいんだ。でも、まあせっかく来たし、グリッパーで釣りたいな、と。そしたら期待どおりに食ってくれました(笑)。たぶんポストスポーンの魚だと思う

んだけど、それなりに水深のあるウィードのエッジで食ってきたからね、浮いてたんじゃないかな。

マツ：このタイミングでバズベイトパターンがあるとは…キテますね〜。

田辺：だろ？　まあ、グリッパーがイケてるってことですよ（笑）。

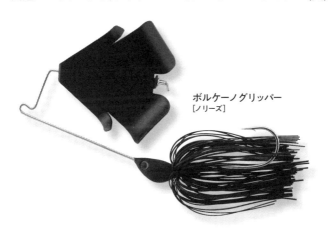

ボルケーノグリッパー
[ノリーズ]

マツ：ってことは、今週はバズのパターン？

田辺：いや、むしろその逆。先週、先々週の巻きの釣りは、まさに春パターンの王道ですよ。今回はね、巻いてダメなときの釣りを紹介したいと思う。

マツ：個人的には春ってことでひたすら巻きたいんですけど…巻きのスローダウンみたいな？

田辺：まぁ、その手のパターンもあるにはあるけど、それは置いといて（笑）。たとえば急に水温が下がったとか、何かしらの要因で食わなくなってしまうことがある。天気予報を見ると

週末にかけてかなり気温が下がるから、ちょうどそんな感じになりそうだよね。そういうときにどうするか。

マツ：その場合、バスのポジションが変わるんでしょうか？ レンジを下げたり…。

田辺：山上湖だったらまだレンジの上がり下がりがあるかもしれないけれど、低地の湖沼系だったらこのタイミングだともう、シャローに乗ったまま落ちない。

マツ：レンジ自体はほとんど変わらないと？

田辺：そう、それこそブレイクのショルダーにある岩だったり、フラット上のスタンプだったり、あるいはウィードだったり、前回クランクで狙っていた障害物が狙い目になってくる。しかもそういった魚は浮いていない。ボトムでじっとしてるんだ。だからこそのルアーというのがある！

マツ：分かりました！ クリスタルSスーパースローロール!?

田辺：だから最初に巻きが効かない場合って言っただろ（笑）。テキサスリグだよ!! ワームは、そうだな…いろいろあるけど、エスケープツインがベースになるかな。

エスケープツイン
[ノリーズ] テキサスリグ

マツ：じっとしているバスに対して、ボリュームのあるワーム

で問題ないんでしょうか?

田辺：まったく問題ない。むしろあったほうがいい。

マツ：テキサスのシンカーは軽めのほうが良かったりします?

田辺：極端に軽くする必要はないね。エスケープツインなら、俺の基本セッティングは5グラムシンカー。フックは2/0。

マツ：アクションは?

田辺：ちょい投げのリフト&フォールがベース。でも、それでアタリが出ないようならもう少しロングキャストして横にズル引く。釣りそのものはシンプルだよ。リグはチェリーでもOK。ただし!

マツ：ただし?

田辺：注意点がひとつあって、時期的にもうスポーニングベッドに乗っている個体もいるわけだよ。だから**この釣りをベッドが存在するだろう場所でやってしまうと、卵を守っているオスが反応してしまう可能性がある。**

マツ：釣り分けることってできないのでしょうか?

田辺：難しいな。狙いたい魚はまだお尻の赤いプリ、もしくは1回はたいた半プリのメスなんだけど、どうしたってエリアは

重なってくるからね。だから、ラインがスーッと走ってすぐに放すっていう、いかにもベッドのオスが反応したようなアタリだったら同じ場所には投入しないとか、基本的には外側のゆるいブレイク周りをメインにして…逆にベッドのオスっぽい反応があった水深よりさらに奥のヘビーカバーを釣っていくのもアリだし。いずれにせよ、釣ったらできるだけ速やかにリリースする。大切なのはそういう気持ちだと思うんだ。

マツ：たしかに!!

田辺：スポーニングシーズンのバスは、とにかくデリケートに扱ってほしい。それはもちろん、ほかの時期なら雑に扱って良いって言ってるわけじゃないよ。バスがいなくなってしまったら、バスフィッシングが楽しめなくなってしまうわけだからね。

マツ：ミーはそのことを常にキモに銘じてます。実はバスを傷つけたくないっていう気持ちがあまりにも強いから、今年に入って連敗記録を更新してるっていうのもあります。

田辺：ものは言いようだな（笑）。ん、まさかキミ、まだ初バス釣ってないんじゃ…？

マツ：…………(T T)

TACKLE DATA

■ロッド：ロードランナー・ストラクチャーST680MH［ノリーズ］
■リール：メタニウムMGL HG［シマノ］
■ライン：シーガーR18 フロロリミテッドハード BASS14ポンド［クレハ］

【巻いてダメなときの巻き物!!】

状況変化やプレッシャーに対応する巻きのスローダウン

マツ：明日からゴールデンウイーク突入ですが…最近、田辺さん良い釣りしてます？ 先週の冷え込みとか、不安定な天候でタフになってる地域も多いみたいですけど…。

田辺：ってキミはどうなんだよ(笑)。

マツ：ぼかぁこのGWにすべてを賭けてます!! なにせ今年、まだ1尾もバスを手にしてませんから!!

田辺：お、開きなおったな。じゃあ、ちょっと景気の良い話をしようか。先日、関東でもっともメジャーなレイクに行ってきたんだよ。他誌の取材だから具体的にどこってのは言えないけどな。

マツ：すごかったと？

田辺：タダマキで2600が出たよ。ヤバかったね(笑)。

マツ：に、にせんろっぴゃくぅ…!? 50アップ、ですよね。

田辺：だな。完全にミッドスポーンに入っちゃうと厳しいけど、

051

湖によってはまだそんな釣りもできるってことだ。

マツ：なるほど!!　霞水系なんかはかなり厳しくなってると聞いていたので、どこに行こうか迷っていたんですが…なんとなくイメージできてきましたよ～!!　では、このタイミングでコレっていう釣り方があればぜひご教授くださいませ。

田辺：OK!　ここから本題な。前回、スピナーベイトとかクランクベイトとかを普通に巻いてダメなときの展開を解説したよね。今回も、その延長にあるお話。ただし!!

マツ：ただし？

田辺：釣り自体は巻き物だよ。いわば、巻きのスローダウンだな。答えを先に言ってしまえば、ブレードスピンリグのシャローバージョン。具体的には1/8オンスのジグヘッドにスプーンテールライブロール4インチを組み合わせて、ブレードスピンをかます。**これは、スイムジグのライトバージョン的存在。巻きの釣りではあるけれどかなり食わせ要素が強いという。**

スプーンテールは普通のシャッドテールより弱めでいてハイピッチ系、かなりゆっくり巻いても動くからライトウエイトのこの釣りにピッタリなんだ。そこにブレードスピンの力がプラスされると、下から突き上げさせたり、ちょい濁りでも存在をアピールできるようになる。

スプーンテール
ライブロール
4インチ
[ノリーズ]
ブレードスピンリグ

マツ：なるほど…まさに巻きのスローダウンって感じですね。先週みたいに、いきなり寒波が到来したようなときに効くと。

田辺：そう。それと、連休中なんかはプレッシャーで巻く釣りが効かなくなる可能性もあるわけだけど、場合によってはそういうときにも有効だったりする。あと、釣り場によってベッドの魚を釣ってしまう可能性がある場合、それをできるだけ避ける手段としてやっぱり巻く釣りはアリなんだよ。巻いてさえいればフィーディングの魚が食う確率が高まるからさ。

マツ：この場合は、ピンテールやストレート系ではなくシャッドテール系のソフトベイトが良いのでしょうか？

田辺：うん、ワカサギパターンとは違うからね。もう少し強いほうがいい、ってことでスプーンテール。

マツ：アクションはどんな感じでしょうか？

田辺：ただ巻きでOKだよ。ただ、速すぎるのはNG。リグが浮いてきちゃうからね。

マツ：う〜む、これで初バスはもらったも同然ですな。

田辺：来週の電話を楽しみにしてるよ(笑)。

マツ：頑張りマス!!(う〜む、ある意味プレッシャー!?)

TACKLE DATA

■ロッド：ロードランナー・ヴォイス・ハードベイトスペシャル HB660MLS-SGt [ノリーズ]
■リール：ステラ2500 [シマノ]
■ライン：PE0.6号
※リーダーはシーガーR18フロロリミテッド8ポンド [クレハ] をひとひろ（リールに巻きこまないくらいの長さ）

第1週 【魔の5月を打破するパターン筆頭!!】

ベッドのオスを回避できる、最高にイケてるゲーム!!

田辺：マツはゴールデンウイークにどこか行ったのか？

マツ：よくぞ聞いてくれました。月曜日に相模湖へ行って無事に初バスをキャッチできました。

田辺：お、それはおめでとう。しかし長い道のりだったな（笑）。

マツ：このまま今年はバスが釣れないんじゃないかと思いましたよ…。

田辺：いや、たしかに今年の春は寒いし、不安定だからな。例年に比べて難しかったかもしれないね。

マツ：フォローありがとうございます。

田辺：あ、分かった？（笑）　いや、でも水温の上昇が遅いから山上湖系だと、これからプリって場所もあるはずだよ。

　でも、その一方で今がミッドスポーンっていう湖も多いよね。ある意味、**魔の5月の到来っていうか…毎年そうなんだけれど、**

産卵ド真ん中のタイミングは極めて釣りづらい。基本、多くの個体が食欲そっちのけで子孫を残す行動に支配されてしまうわけだからね。じゃあこの時期、スポーニングベッドの魚を狙わずしてゲームを組み立てるにはどうすれば良いか？　それが今週のテーマだよ。

マツ：まさに田辺さんの言うとおりで、正直、ベッドが確認できるタイミングってどんな釣りをすればいいかいまひとつピンとこないんですよね。

田辺：だろ？　このタイミングを攻略するうえでの考え方は2通りある。ひとつはタイムラグを利用して、湖の中で産卵の遅い場所を釣っていくという考え方。水温が低くて、まだベッドに乗っていないエリアがあればそこを釣っていく。ただし、これは湖の規模がかなり大きくないと展開としては成立しない。もちろん、それなりに規模があっても低地系だったら一斉にスポーンに入ることも充分考えられる。

マツ：その場合の、エリア間のタイムラグが生じる規模ってどれくらいなんでしょう？　たとえば関東のリザーバーだったら？

田辺：そうだな、関東だと…そんなに大きくタイムラグが生じないかな。せいぜい一週間とか。その程度だと差としては感じにくいよね。琵琶湖とか、早明浦ダムなんかは明確に時間差が生まれるはずだよ。

マツ：かなりの規模が必要なんですね。ってことは野池クラスなんかは当然…。

田辺：全域一斉だよ（笑）。だからそれを考えると、ほとんどの場合はスポーニングエリアを中心に考えていかざるを得ないわけだ。

マツ：ってことは…。

田辺：ベッドの魚を釣ってしまう可能性がゼロとは言えないけれど、そういった魚をできるだけ避けられる釣りを実践していく。これがもうひとつの考え方。バスフィッシャーマンとして、これはすごく大切なことだと思うんだ。

　日本の場合、アメリカみたいにバスを保護したり、増殖しようとするプログラムはまったく存在していないわけで、ベッドの魚を釣るっていうことはそのまま自分の首を絞めることに直結してしまう。このことは、すべてのバスフィッシャーマンが肝に銘じておかなければならないことだよ。

マツ：おっしゃるとおりです。では、田辺さんが考えるベッドの魚を避ける釣りっていうのは？

田辺：ベッドを避けつつ、でも、プリや半プリの魚を食わせられる釣り。俺の中で、その筆頭はバズベイトだよ。え？　って思うかもしれないけれど（笑）。

マツ：え？　って感じです（笑）。

田辺：だろ？　でも、実際にあるんだ。半プリの魚って、けっこう浮いてるんだよ。カバーやストラクチャーについてボーっと。そういう魚を食わせるのに、クリアなリザーバーだったらサイトでピクピクとかもあるんだけれど、そうじゃなく、もっと攻め

込んでいける展開で、もしくは魚が見えない湖でも有効な釣りっていうと…グリッパー出せよ、と。メスが浮いているから、必然的にメスが反応しやすいわけだ。

ボルケーノグリッパー
1/2オンス
[ノリーズ]

マツ：なるほど、アツいですね!!　ってことは、狙っていくのは障害物周りということでしょうか?

田辺：そうです。オープンな場所にボーっと浮いていたりはしないからね(笑)。障害物はなんでもいい。クイでも係留ロープでも、アシでもウィードでも岩でもなんでも、とにかく浅いエリアの障害物周り。それがすべてですよ。

マツ：田辺さん、すみません。実はワタクシ、いまひとつバズベイトのタックルって「コレだ!」というのを決めかねているんですが…。

田辺：え～とマツよ、キミのバス歴は何年だったかな?

マツ：……四半世紀を余裕で超えてますけど……ちなみに、こ

れまでにバズベイトで釣ったバスの総数はおそらく20本くらいです。

田辺：ってことはならすと1年に約1尾いかないくらいか…。

☞ﾏﾂ：いや…2年に1尾って感じですかね（汗）。

田辺：…… オーケー、きっちり解説いたしましょう。ロッドはLTT680MH。グリッパーは、ヘッドのウエイトが3/8オンスでも、ペラとアームを含めた全体の重さは約17グラムあるんだ。1/2オンスに至っては約21グラム。だからそもそも、そのウエイトをしっかり背負える強さがないと話にならない。しかも、ちょっと長めのほうが浮き上がらせやすい。さらに、16〜20ポンドとか太いラインで組むことができる。ってことでこのサオ。

俺の場合、バズのラインは16ポンドが標準。それでちゃんと投げられるなら、細いラインである必要がないからね。太いラインのセッティングなら、どんなところにも投げ込める。**どこにでも躊躇なく入れ込めるテンポの良いバズベイト、それがこの釣りでは大事だよ。** ただしラインがけっこうヨレるから、まる一日使う場合、最低でも1回は先端10メートルくらいをカットして結び直してます。

リールはちゃんと投げられてちゃんと巻けるならローギアでもハイギアでも構わない。目で見てリトリーブスピードを調整すればいいからね。以上!

☞ﾏﾂ：非常によく分かりました。ありがとうございます。では、次の質問です。巻く速さはどのくらいでしょう?

田辺：ゆっくりが絶対。魚は追えないからね。グリッパーはかなりスローでもしっかり水をつかんでくれるんだ。このバズの、これまでにない特徴的な4枚フィンがしっかりと水をグリップするのです。

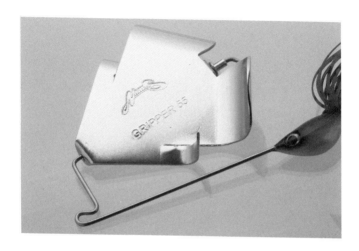

マツ：だからグリッパーなんですね。

田辺：そう。それでゆっくり引いてるとジョボッと。バイトはけっして派手ではないけれど、魚はデカいぞ、みたいな。これが俺が思う、この時期に最高にイケてる釣りの筆頭だよ。

TACKLE DATA

■ロッド：ロードランナー・ヴォイスLTT680MH［ノリーズ］
■リール：カルカッタコンクエストDC200、アンタレスなど［シマノ］
■ライン：シーガーR18フロロリミテッドハードBASS16〜20ポンド［クレハ］

巻いて釣れない状況でも 巻いて釣りたいアナタへ!!

マツ：あのぅ…すみません田辺さん、さっきから景気の良い釣果写真が僕のスマホにバリバリ届いてるんですけど?

田辺：いや、そろそろマツから電話がかかってくる時期かな、と。

マツ：今、湖上…ですよね?

田辺：はい、高滝にいます。プロトをいろいろテストするために来たんだけど、ちょっとお試しでグリッパー投げたらハマっちゃってさ(笑)。

マツ：まさに先週紹介したパターン!? これ、全部半プリでしょうか?

田辺：いや、みんなアフターなんだよ。アフターの回復系。しかも全部、本湖の魚です。

マツ：本湖? どんなところで巻いてるんですか?

田辺：縦ストとかカバー周りとか。湖のど真ん中でもオイカワ

がすげーたくさん浮いてるんだ。それを食ってるんだろうね。

　ただ、グリッパーへの反応そのものは、まさにアフターのそれって感じ。バコッと激しく出るんじゃなくて、ジョボッと消し込むような食い方だな。

マツ：なんか全部サイズが良さげなんですけど?

田辺：40超えばっか(笑)。

マツ：(う、ウラヤマシイ…)本題にいきます。

田辺：はいよ、お仕事ね!　まぁ、高滝もそうだけど産卵が早めに進行している場合にもグリッパーのパターンはあるぞ、と。でも、今週紹介する引き出しはミッドスポーンの釣り。多くのレイクが産卵の真っ最中で、巻いてどうにかなるような状況ではないことを想定したうえでの展開な。

マツ：…ってことは、スローダウンした釣りということでしょうか?　もしかしてライトリグ?

田辺：いや、たしかに普通に考えたら、ライトリグ系のスローな釣りが鉄板なんだけれど、その中でもやっぱり巻いて食わせたいっていうアングラーは結構いると思うんだ。まあ、俺自身がそうなんだけどね(笑)。で、いろいろ試した結果、これならどうにか機能するっていう釣りの先鋒となるのが…。

マツ：なるのが?

田辺：今ちょうどいい感じで釣れてるからこの続きは来週でいい?

マツ：ダメです!!(きっぱり)

田辺：だよね(笑)。スイムジグです。その最たる理由は、**ボトム近くをきっちりとスローに、平行に引くことができるから。**当然、プリとか、半プリのメスが反応してくれるわけだ。

　俺の場合、具体的には、MCジグとかクランキン・ジグとスプーンテールライブロールの組み合わせを使ってるよ。

MCジグ＋スプーンテールライブロール
[ノリーズ]

クランキン・ジグ＋スプーンテールライブロール
[ニッチベイト]　　　[ノリーズ]

マツ：基本、ミッドスポーンの状態になってしまうと、クランクやスピナーベイトのような強い巻きの釣りはなくなってしまうのでしょうか？

田辺：ゼロではない。でも、そういった力のあるルアーを入れ込めるのは、現場の状況をしっかりと判断できる上級者だけだ

よ。ベイトフィッシュを追っているタイミングをしっかり読める
ような…ただ、そういう状況自体にほとんどならないからね。

　もちろん、これからプリっていう個体もいるし、逆に産卵を
終えて早めに回復してる個体もいるから、いち概には言えな
いけどな。

マツ：今日の高滝のグリッパーなんかは、まさにその好例じゃ
ないですか!?

田辺：だな(笑)。

マツ：いずれにせよ産卵真っ只中の状況でも巻きたいならス
イミングジグだと。

田辺：4月ラストに紹介したブレードスピンリグなんかももち
ろん効くよ。**要は水深に合わせてゆっくり巻くことのできる、
ソフトベイトとのコンビネーションルアーがこのタイミングで
は重宝するわけだ。**

マツ：トレーラーはシャッドテール系が良いのでしょうか?

田辺：そのほうがテールの抵抗でさらにスピードを落とすこと
ができるからね。　動きでアピールするっていう目的じゃない。
その点ではグラブ系カーリーテールもアリだよ。

マツ：狙う場所っていうのは、当然スポーニングエリアを考え
ていけば良いわけですよね。

田辺：だな。土系バンクとかワンド形状のフラットとか。水深
がずっと1.5メートルの場所とか2メートルの場所とか、そうい
うストレッチを横に引きやすいのがスイムジグなんだ。

マツ：そういった場所をとにかく巻く、と。

田辺：ゆっくりね。

マツ：え〜と、田辺さん、すみません。前回に引き続きで恐縮なのですが…正直に申し上げますと、私、ラバージグのスイミングでなら釣ったことありますけど、スイムジグを巻いて釣ったことがありません（涙）。タックルも含めて基礎から教えてもらえますでしょうか。

田辺：マジか…今、釣りしてるんですけど…じゃあ駆け足で一気に説明するよ。**スイムジグで注意したいのは、巻き物なんだけれど、ボトム付近をトレースする釣りだからティップが入りすぎてしまうようなサオを使うと根がかりが多くなってしまうということ。**で、ある程度の長さがあったほうが、ロッドを立て気味にしてラインスラックを活かしながらボトムぎりぎりをスローに巻きやすいんだ。そうした要素とフッキングレスポンスを含めてトータルでの操作性を考えたとき、ロッドはLTT 680MHかHB680Mが使いやすい。

　たとえば水質がクリアだと、産卵を行なうレンジが深くなるレイクも多々あるでしょ。そういった場所でも考え方は一緒で、狙う水深が深くなるだけ。当然、ジグのウエイトを重くする必要があるから、そのぶんトレーラーのサイズを上げて調整する必要がある。感覚的にはフワフワ、スルスルと漂い気味に巻けるセッティングにするのが理想。ラインの重みを巻き取るようなつもりでやれるとバランスがいい。スイミング時のウォブリ

ングの強弱に関しては、バスの活性や水の色に応じて変えていくのが基本です。以上!

マツ：ありがとうございました!! では、釣りを再開してくださいませ(笑)。あ、でも、このあとは釣っても写真を送らないでくださいね。仕事に差し障りが生じるので。

田辺：分かったよ。ごめんね(笑)。

　と、この電話を終えたのが15時30分。
　そして約1時間後に田辺さんからもう一度メールがあり…明らかにデカいバスの写真が添付されていたのでした。え〜となになに、メールの本文は「ヒラクランクは食えばデカい! これは1700のプリ!!」。
　…どんだけハメてんだぁ!! 田辺さん、サスガです!!

TACKLE DATA

■ロッド：ロードランナー・ヴォイスLTT680MH
　　　　もしくはハードベイトスペシャルHB680M[ノリーズ]
■リール：メタニウムMGL HG[シマノ]
■ライン：シーガーR18フロロリミテッドハードBASS16ポンド[クレハ]

5月 第3週 【ギリギリの巻きの釣り PART2】

"ぷるぷるトゥイッチ"とは、いったいなんぞや?

マツ：田辺さん、結局先週の高滝は何本出たんですか?

田辺：数は7本。グリッパーで6本とヒラクランクで1本。

マツ：すげ〜!!

田辺：でもね、一昨日亀山に行ってきたんだけれど、同じ房総系リザーバーでも亀山はグリッパーには出ないんだよ。ヒラクランクも反応はするけれどようすを見にくる程度で戻ってしまう。

　やっぱり、湖によってスポーニングの進行具合が微妙に違っていたり、魚のレンジが違うっていうのをあらためて感じたよ。まぁ、当然だけどな(笑)。

マツ：各地の釣果情報を見ていると、どちらかといえばやっぱり世の中フィネス優勢なタイミングにあるようですね。

田辺：そうだよな。今がミッド〜ポストスポーンっていうタイ

ミングも多いだろうからね。回復している個体が期待できないとなると、どうしてもスローダウンする方向を考えちゃうだろうから。

　だからといって、この時期にきっちりプリスポーンの魚だけを狙おうと思ったら、ひとつの湖で時間差を考えたり、釣り方を変えていくよりも、そもそも春が遅い場所へ行ってしまうほうが手っ取り早いし、選択肢としては確実だったりする。低地の湖沼ではなく、ハイランドレイクに行くとか。

マツ：そうすれば、ちょっと前に紹介していただいたプリの釣りが試せるわけですもんね。

田辺：だな。ってことで今週はこれまで紹介したパターンを読み返して実践してもらうということでいいかな?(笑)

マツ：そういうワケにはいきまへんがな(汗)。

田辺：冗談だよ。でも、たしかにこの時期はレイクによって巻き物が効きづらいのはたしか。それでも巻いてどうにかしたいってことで、先週はギリギリの巻き物を紹介したわけだ。だから今週は…。

マツ：ついに田辺流ライトリグ?

田辺：いや、まだギリギリでいくよ (笑)。今回はフラットサイドクランク、B-ヒララ68のゲームを挙げておこうと思う。これはカバー周りで使えるフラットサイドなんだ。って宣伝はおいといて (笑)。**同じクランクでも、ラウンドボディよりフラットサイド系がこのタイミングに効く。**アクションが強すぎないの

と明滅効果が効くんだろうな。

　これをゆっくりトゥイッチしてポーズ、ゆっくりトゥイッチしてポーズの繰り返しで使っていく。言葉にすると**「ぷるぷるトゥイッチ」**って感じかな(笑)。

B-ヒララ68
[ノリーズ]

マツ：移動距離が少ないから、半プリとか回復待ちの魚も反応できると？

田辺：そう。だからアクションを与えるのはせいぜい3回くらい。岸際や障害物から離れすぎちゃうと反応する可能性は途端に減っちゃうからね。追ってまでは食ってくれない。

　だからこの釣りでは、何と言ってもキャストアキュラシーが大切。オープンウォーターをロングキャストで広く探っていくんじゃなくて、**アシ際とかバンクとか、障害物周りなんかをショートキャストで刻んでいく釣り**だからね。

　そうなるとオススメのロッドはショートレングスで、具体的にはハードベイトスペシャルHB560L。巻きの釣りっていってもロッドワークがメインになるでしょ。だからゴーロクが絶対的

に操作性が高いんだ。これに軽量ルアーをキャストしやすいリールを組むとさらにタイト感が増す。こういう釣りは特にタックルセッティングが釣果に直結すると言っても過言ではないから参考にしてください。

マツ：ハイ。ところで田辺さん、B-ヒララって、いわばシャロークランクじゃないですか。となると、低地系のほうが効く感じ

でしょうか？ リザーバーとかでもありなんでしょうか？

田辺：濁っていればね。たとえば、クリアなリザーバーだったら、そもそもあまり浅いレンジに魚がいないでしょ。そうなるとフラットサイドでは水面まで呼べない。

一昨日の亀山なんかは、まさにそんな感じ。土曜日の雨で満水になったのもあるんだろうけど、魚のレンジがちょっと深かったんだ。あと、オーバーハングがあるからバンクギリギリに入れづらいっていうのもあった。どうしてもルアーとバスの距離が遠くなってしまうシチュエーションなわけだよ。

マツ：となると…。

田辺：同じような展開で亀山でハマったのはレイダウンミノー

ウェイク110 プロップ。ちょっと強めにジョボッとジャークを入れて、浮かせて待つ。その繰り返しできっちり探っていって、いろんな場所でトータル30回くらいはバスが浮いてきたんじゃないか?(笑)

マツ：さ、さ、さんじゅっかい!?

田辺：でも、バイトしたのは10回くらい。うち、キャッチできたのは4尾だけ(笑)。今の亀山はまだ回復待ちの状態って感じなんだろうね。「はむっ」とか、「ちょぼっ」て感じの弱いバイトしかしてくれないから、掛けてもミスっちゃうんだよ。

　ただ、魚の反応はものすごく多いからさ、これはこれでかなり楽しめる。浮いてきたバスを見ながら、「食えっ!!　食えっ!!」みたいな(笑)。これがもう少し季節が進行すれば、食って反転するようになるから数も伸びるはずだよ。あとは、スプーンテール4インチのノーシンカー水面引きでも3本釣ってるけど、こっちものらない、のらない(笑)。

マツ：う～む、楽しそうですね。

田辺：ええ、楽しいです(笑)。

TACKLE DATA

■ロッド：ロードランナー・ヴォイス・ハードベイトスペシャルHB560L [ノリーズ]
■リール：バンタムMGL PG [シマノ]
■ライン：シーガーR18 フロロリミテッドハード BASS14ポンド [クレハ]

クリアウォーターが教えてくれたこと。

8年ぶりに訪れたリザーバー

　釣りビジョン『Go for it !』のロケで、和歌山県のリザーバー・合川ダムへ行ったときのこと。合川を訪れるのは4、5年ぶり。『Go for it !』のロケで入るのは、8年ぶりくらいかな…水質は以前とほとんど変わっておらず、かなりクリア。関東で言うなら芦ノ湖や西湖レベル。しかも減水していてカバーがない。立ち木もないし、浮きゴミがあるわけでもない。

　かつては、どちらかといえば秘境的な場所だったけれど、今は高速が延びて大阪からなら車で2時間ちょいくらい。そんなアクセスの良さも手伝って、一軒だけあるレンタルボート店（キナン観興）には、平日でもふつうにアングラーが訪れるようになっている。

　つまり、それなりにプレッシャーがかかっているということ。俺にしてみれば、間違いなく苦戦するタイプの湖であり、実際、難しかった。

　2017年の9月に『Go for it !』ロケで七色ダムに入った際、ロクマルを手にすることはできたけれど、あのときは大雨が味方をしてくれた。じゃあもし、真っ向勝負したら、どうなっていたか？　反応はするけれど食わせられないというオチになりかねない。まさにそのときと同じような感じ。

　しかも今回、バスの状態はミッドスポーン終盤〜ドアフター。ロケのタイミングでは、その前に降った雨の影響で、減水している状況の中での40〜50センチ増水。レンジ的にベッドそのものやフラ

イ（バスの稚魚）は視認できないけれど、バスの動きを見る限りでは、そこに関連しているのが分かる。

　ボート店の釣果情報は、釣っている人で数は4、5尾、ただサイズが伸びないという。釣り方はフィネスがほとんど。ハードベイト（クランクベイトかジャークベイト、たまにスピナーベイト）で結果を出している人もいるけれど、だからといって50アップクラスが混ざってくるわけではない。

産卵期に避けられない現実

　そんな合川で、ひとつはっきりと分かったことがある。なにせ水がクリアだから、とにかくバスの動きがよく見えるわけですよ。

　産卵から時間が経つにつれ、外敵に対してのオスの行動範囲は広くなる。そしてルアーに反応した魚が戻っていくのを見ると、おおむね起点としている場所が分かる。なるほど、あのあたりにベッドがあるんだろうな、フライがいるんだろうな、と。

　この時期、ベッドやフライをダイレクトに撃っていなくても、ふつうにシャローをチェックしていけば、意図せずともそういう個体（ベッドやフライを守っているバス）を釣ってしまう可能性が高いでしょ。でもそれは、フィネスや撃つ釣りに限った話ではないということ。

　結局のところ巻きの釣りをメインに展開しても、アフターの回復系が反応したわけではなく、その大部分はなおも産卵絡みのオスだということが、今回の合川ロケでよく分かった。エサを食おうとしているのとは、まったく反応が違うからね。ものすごい勢いで出てきても、ジャークベイトのテールをかじるだけ、とか。いや、それこそふつうにシャローを流していくと、むしろ、そういった個体しか釣れない。だからサイズが伸びない。

　水の中が見えないだけで、同じことが房総のリザーバーでも起きていたのだと考えれば、これまでの自分の展開やクランクで40クラスまでがよく釣れたなんていう話にも合点がいく。なるほど、そういうことなのねと。

　合川の釣果情報から俺が予想していたのは、ポストの状態でフィネスが機能しているのではないかということ。でも、そうではなかった。終盤とはいえ、まだミッドスポーンじゃん、みたいな。クリアウォーターだからこそ、その事実にハッキリと気付くことができたわけです。

　何を言いたいのかというと、この時期に釣ったバスの扱いは普段よりさらにていねいに、やさしくしてほしいということ。ライブウェルに入れて引っ張り回すなんて論外。できるだけ速やかにリリースしてほしいと思うのです。

　俺自身、ベッドのサイトフィッシングはもうずっとやっていない。でも、たとえそうじゃなくても、この時期に釣りをすれば卵や稚魚を守っているオスを釣ってしまうかもしれないわけだ。いや、むしろそんな魚ばかりが食ってしまうことだって大いにある。そのことを肝に銘じた2日間でした。　　　　（ルアマガモバイル2018年6月4日掲載）

勝負は着底一発!!
浮いた魚狙いの
圧倒的ビッグフィッシュパターン

マツ：田辺さん、今週も亀山湖に行ってたようですね。しかもグリッパーで良いのを釣ってるし。見ましたよ～のむらボートさんのブログ!!

田辺：火曜日な。あの日は朝イチにいきなりグリッパーで出たんで、これはもう「亀山もハマるのか?」と思ったんだけど…そのあとが続かなかった。前回良かったウェイクプロップへの反応もいまいちで、結局、レギュラーサイズはぽろぽろと釣れるんだけど、良いのは追加できずに終了しちゃったよ。

マツ：回復が進んで、さらに反応が良くなりそうな気がしますけど…。

田辺：そう思うでしょ。でも、そうじゃなかった。何て言うのかな…魚が妙に散ってるというか… こういうこともあるんだね。やっぱり、実際に釣ってみないと分からないもんだな。

マツ：なんだか消化不良のようですが…そういう日もありますよ!! 気を取り直して今週のゲーム、お願いいたします!!

田辺：気のせいか、キミの声が妙に弾んでいる感じがするんですけど?

マツ：う…気のせいです(笑)。

田辺：ま、いいか(笑)。今回はね、移動距離を少なくする、という点では前回のB-ヒララやレイダウンミノーウェイクプロップと同じ。ただし、巻きではなく撃つ釣りです。

マツ：ってことは、テキサスとかジグとかでしょうか?

田辺：お、冴えてるな(笑)。答えを先に言ってしまうとラバージグだよ。あえてバルキーなベイトを入れ込んでいく。俺の場合は、もちろんガンタージグ・フリップ。

マツ：ってことは、トレーラーはエスケープツイン?

田辺：いや、もちろんそれもありなんだけれど、メインはビッグエスケープツインだね。

ガンタージグ・フリップ＋ビッグエスケープツイン
[ノリーズ]

マツ：かなりバルキーな組み合わせですね〜。

田辺：もちろん理由はあるよ。このタイミングの魚って、基本は浮き気味なわけだよ。そういった魚に対して、小さいルアーで食わせるっていうのもありなんだけれど、**しっかりとサイズを選んでいくとなると、バルキーなほうが決定的に良い場合もあるんだ。**

　今回のは、浮いている魚にフォールでアピールする釣り。でも、ルアーが小さいとフォールで呼び込めなかったり、魚が見失っちゃうからね。だからといってバルキーなベイトでも、ストンッと一気に落としたんじゃ追い切れない。　そういう意味でも、ビッグエスケープツインとのコンボだと、ボディが受ける水の抵抗が大きくなるぶん、よりスローに落とせるメリットがあるわけだ。ただし!

マツ：ただし?

田辺：スローに落とすことの必要性っていうのは、水深のある湖に限った話になる。そもそも浅い場所なら、速く落ちたって問題ない。魚がすぐ下を向けばルアーがあるわけだからね。

マツ：ってことは、自分の行く湖に合わせてジグのウエイトを変えていく感じでしょうか?

田辺：そうだね、基本的な考え方はそれで構わない。低地のシャローウォーターなら、カバーにきっちり撃ち込んでいける1/2オンスとか3/4オンスを選んだり、逆にリザーバーで傾斜の急なバンクを撃つんだったら3/8オンスを結んだり。要は水深

とカバーに合わせてウエイトを選ぶということです。

マツ：この釣り、移動させないんですよね？　ってことは…アクションはもしかしてフォール一発？

田辺：いや、着底一発!　サマーシーズンみたいにフォール中に反応できるほどバスはアクティブじゃないと考えたほうがいい。逆に言えば、そういうタイミングの個体に効く釣りだということですよ。

マツ：ってことは、ボトムまでの距離も考える必要がありそうですね。

田辺：もちろん。垂直岩盤に沿って落としても、「なんだ、なんだ?」って途中までは追うかもしれないけど、着底するタナがなかったらサヨナラだよ（笑）。だから、そうだな。水深で言うと

せいぜい2メートルくらいまで。基本はバンクをどんどん撃っていくんだけれど、**とくにリザーバーで狙う場所としては浮いているバスが下を向いて追っていける範囲内にジグを置けるボトムやスペースがあることが大前提になる。**

　岸際のボサや枝にラインを持たせるとか、ルアーが手前に来ないよう水上にある障害物を上手く使うのも重要。とにかくほんの少しの距離しか動きたくない魚をバルキージグでダイレクトに狙っていく釣りだからね。

　これはもう、圧倒的なビッグフィッシュパターン。だから機能するときとしないときの差が激しい釣りだというのはあらかじめ言っておくよ（笑）。機能すれば半プリの良いサイズだけを選んで釣っていけるっていう。

マツ：つまりベッドのオスも避けられる？

田辺：だな。オスにはデカすぎるしね（笑）。

TACKLE DATA

■ロッド：ロードランナー・ヴォイス・ジャングル760JMH［ノリーズ］
■リール：メタニウム MGL XG［シマノ］
■ライン：シーガー R18 フロロリミテッドハード BASS20ポンド［クレハ］

【上級者向け裏パターン!!】

沈んだバスに寄せて食わせる巻き物マニア道!!

マツ：まずは「今週の田辺哲男」をお願いします。

田辺：前半に某ロケでカスミに行ってきました。

マツ：う、カスミ…アフター回復系が多くなってるって話ですけど、現状はかなり厳しいという情報が入っております。

田辺：だろうね。俺も苦戦したよ。湖自体はとうの昔に安定期に入ってるんだけれど、それにしても個体数が少ないというか…まぁそれはさておき、霞ヶ浦に限った話じゃないけれど、やっぱり今年は各地で産卵行動が遅れているよね。今回はそれを踏まえて、ちょっと裏のパターンを紹介するよ(笑)。

マツ：裏!　萌えますね(笑)。よろしくお願いします!!

田辺："今のタイミング"でバズベイトの釣りが成立するのは、これまでの話からもうインプットされてるよね?　でも、全体水深のあるリザーバーなんかで、魚がちょっと沈んだ状態でサスペン

ドしていると水面までは出てくれない。

マツ：そんな魚を反応させる釣りがあると?

田辺：ある。答えを先に言っちゃうと、1/4オンスのスピナーベイトだよ。

マツ：1/4オンス … というと、オリジナルではなくディーパーレンジですね。

クリスタルS
ディーパーレンジ1/4オンス
[ノリーズ]

田辺：そうです。産卵を終えて、でもまだスポーニングエリアから動いていないメスっていうのは、ボトムの甲殻類なんかを捕食している一方で、すぐそばに来た小魚系ベイトフィッシュにももちろん反応するわけだ。ただし追って食うことはできない。近ければ上ずって口を使う感じだね。

マツ：つまり1/4オンスをゆっくり引くと?

田辺：そういうこと。1/4オンスだとゆっくり引いても浮いてきちゃうんだけれどね。でも、これが3/8とか1/2のブレードサイズだとそもそも食ってくれないんだよ。

ﾏﾂ：コンパクトなほうが良いということなのでしょうか？

田辺：うん。ただ、このパターンの難点はミスが多いこと。ほんの一瞬しか反応してくれないから、フッキングが決まらない場合があるんだ。

ﾏﾂ：ってことは、トレーラーフックを付けたり…？

田辺：いやいや、実際に使ってみれば分かるけれど、1/4オンスってけっこう投げにくい。だから、ちょっとキャストがそれてしまったときトレーラーフックがあるとスナッグレス性を損なう原因になってしまう。そういう部分も含めて、これは上級者向けのパターンだよ。

　水面を引いてくるバズベイトなら、目で見てスピードコントロールができるでしょ。でも、この釣りはとにかくストライクゾーンが狭くて、込み入ったシャローだろうがバスが反応できる範囲内に1/4オンスをしっかりとキャストできて、そのうえでリトリーブスピードも調整しなくちゃならない。それを実践できるアングラーじゃないと成立させるのは難しい。

　だから、技術しかりタックルも重要なんだ。軽くて抵抗のあるスピナーベイトをショートキャストで障害物にタイトにきっちりと入れていけるセッティングじゃないと… 俺的にはハードベイトスペシャルの630LLとコンクBFSの組み合わせがしっくりきてます。サイドハンドでコンパクトに振り抜くことができて、1/4オンスであってもフライ気味にならずに低弾道でキャストをキメられるからね。

まぁとにかく、普通ならシャローの障害物にノーシンカーやネコリグを投入してハマるような状況下で、あえて巻き物で決めてみたいと考えているアングラーにオススメのマニアックなゲームですよ(笑)。

マツ：まさに裏パターンですね。

田辺：だな。これはこれでハマるとおもしろい釣りができるから、腕に自信のある人はぜひ試してみてほしいね。

TACKLE DATA

■ロッド：ロードランナー・ヴォイス・ハードベイトスペシャルHB630LL［ノリーズ］
■リール：カルカッタコンクエスト BFS HG、アルデバランなど［シマノ］
■ライン：シーガーR18 フロロリミテッドハード BASS12ポンド［クレハ］

田辺哲男 NORIO TANABE
ビッグバス WEEKLY BIG BASS PATTERNS パターン
アカデミー

夏

編 SUMMER PATTERNS

産卵が終わったからといって、すぐにサマーパターンが始まるわけではない。シーズン真っ只中と思いきや、意外に手こずるのが梅雨を含むアーリーサマー。そして"魔のタイミング"を克服すれば、エキサイティングなトップウォーターゲームが楽しめる季節の到来だ。

プリと半プリに的を絞ったテクニカルゲーム

マツ：勝手なイメージなんですけど、6月に入るとなんとなく釣りやすくなる気がします。

田辺：それは単純に、キミがアフター回復系だけを想像しているからでしょ。でもまだ早い。6月のキーワードは、全国平均で考えるとやっぱりまだスポーニングだよ。もちろん地域や釣り場のタイプにもよるわけで、6月に産卵のピークを迎えるレイクもあるだろうし、場所によってプリスポーンの魚が混ざることもある。とくに今年みたいに各地で季節の進行が遅れる場合もあるから…その年の傾向にも左右されるわけで、6月はコレってあらかじめ決めつけるのは難しい。

いずれにしてもカギを握るのは魚の状態。ただし完全なアフター回復を狙うパターンは7月に入ってからだと思ったほうが良いかもしれないね。

マツ：まだプリ・ミッド・ポストが混ざったタイミングだと。ということは、今月もそれぞれの状態を釣り分けていくということでしょうか。

田辺：考え方としてはね。もちろん資源保護の観点から、スポーニングベッドの魚はパスですよ。だからそれを狙わずにどう釣っていくかということになるんだけど… でね、ベッドの魚っていうのは、ある程度じっくり狙わなくちゃ食わないっていう特性がある。もちろん、偶然通過したルアーにオスがいきなり反応してしまうケースがまったくないわけじゃないけれど、ある程度アングラー側が意識して狙わなければ食ってくる確率は減るよね。

　サイトフィッシングは言うまでもないことだけど、たとえばリグを放置したり、一点でシェイクしたり。そうではなくて普通にリズムのある釣りで、止まらず流しながら釣っていけば、ベッドのバスを釣ってしまう可能性は自ずと低くなる。

マツ：よくマッディウォーターで、アシの中にジグやテキサスを落として置いておいたらスーッとラインが走って… オスがスポーニングベッドへの侵入者を排除しようとする反応がありますよね。つまり、同じアシを釣るにしても、テンポよく撃っていく釣りならベッドのオスを釣らずに済む可能性が高まるということですね？

田辺：そう。そういうこと。リズムの良い釣りで食ってくるのは、産卵直後の回復していない個体だったり、もしくは第二陣や三

陣のプリだったりするわけだ。だから、テンポの良い釣りで釣っていきましょう、となるわけだけど、さらに言ってしまえば**テキサスやジグを撃つより、ハードベイトでチェックしたほうがベッドのオスが食っちゃう確率はより少なくなるよね。**

マツ：そういうハードベイトのパターンがある、と？

田辺：ある。しかも、**ハードベイトのほうがキマると再現性が高いんだ。**

マツ：その場合、プリが食ってくるんでしょうか？　それとも、ポスト？

田辺：どちらの可能性もある。もちろん半プリ（すでに一度産卵しているが、まだ抱卵していて再び産卵を行なうだろうメス）も食ってくるしね。と言っても、アフター回復のハードベイトパターンとはまったく違うよ。それは"普通の巻き物の釣り"だから（笑）。

　逆に言えば、**このタイミングでクランキングとかスピナーベイトとかにそれなりの時間を割くと、バスの状態が分かりやすいっていうのはある。**ひたすら巻いてやっと食ったのが産卵に関係のない小バスだったら、まだそういうタイミング（アフター回復）じゃないんだっていうのが分かるでしょ。

マツ：まともなサイズは、まだそういう状況にはない、と？

田辺：そう。それが判断基準として一番分かりやすいかもしれない。6月ともなると水温が、そうだな…18〜20℃を超えてくるから、さすがに小バスも動き回るようになる。でも、逆に

産卵に絡んだ良い個体は動けなかったりする。エサを食べたいけれど、なかなか上手に捕食できない、追いかけ回すことができない状態にあるっていうのかな…要はその部分が、この時期の攻略のキーになる。

㋮㋡：それがヒントになって使うべきハードベイトがクローズアップされてくるということでしょうか?

田辺：そういうことです。具体的には…キミなら何を選ぶよ?

㋮㋡：う〜ん、そうですね…ずばりポッパー!!　どうですか?

田辺：うん、それもあり。優等生の模範解答だね(笑)。

㋮㋡：ってことは、田辺さんの答えはほかにあるわけですね?

田辺：まあ、いろいろなパターンがあるんだけれど…まずはエリアを考えてみようか。マツならどんな場所を釣っていく?

㋮㋡：そうですね〜。湖にもよりますが、産卵が早そうな場所の付近でしょうか。

田辺：曖昧だね(笑)。でも、それも間違いじゃない。今回の話はそれこそ地域によっては5月中旬あたりから当てはまるんだけれど、リザーバーを例にとって考えると分かりやすいかもしれない。**往々にして産卵は全体水深の浅い上流エリアから先に始まるよね。水温の上昇が早いから。**もちろん、流れがバンバン効いている最上流域ってことじゃないよ。上流のワンドだとか、シャローフラットから始まって、やがて最下流のワンドでも行なわれるようになる。

　このときに勘違いしちゃいけないのは、最下流のワンドで

ベッドに乗っているオスを見たからって上流の産卵が終わって
しまったわけではないということ。野池のような小規模な釣り
場なら別だけど、それなりの規模がある湖の場合そんなに短
いスパンで産卵が終わってしまうわけじゃない。たしかに上流
にはポストの個体もいるかもしれない。でもその一方で第二陣、
第三陣の産卵が始まるわけだよ。だから、**5月半ばくらいから
6月半ばくらいまでの時期っていうのは、湖全体が同じような
状態になってしまう**っていうか…。

　それこそ上流の回復個体が食い始めてくれれば違う展開に
なるんだけど、そのエリアですべての産卵が終わったからと
言って、すぐに釣れるようになるわけじゃない。そこから2週間
くらいは、それこそ激タフになってしまう場合が多いしね。

　たとえばリザーバーで、メインレイクの切り立った岩盤の岩
棚とか、「え？　こんなところで産卵するの?」っていうような最
後の最後にスポーニングが行なわれるような場所で小さなオ
スがベッドに乗っていたりすれば、一番最初に産卵が行なわれ
た上流エリアの魚がルアーを追うようになっている可能性は
あるよね。それがスポーニングのサイクル。俺が魚を探すうえ
でベースとしている考え方だよ。

　話を元に戻すと、**今、俺が言っているのは、湖全体で産卵が
行なわれているような状況になっているタイミングの話。**つ
まり、第二陣や三陣を含めるとどこかしらでプリスポーンや半
プリの個体がいるエリアを見つけることができる可能性があ

る。そんな魚は、当然"ドアフター"の難しい魚を狙うよりはまだ釣りやすいわけですよ。

マツ：ってことは…湖全域をチェックする必要があるということでしょうか?

田辺：単刀直入に言ってしまえば、そういうことになる。でね、さっき巻き物について触れたけれど、この時期の回復しきっていない個体、あるいはプリや半プリっていうのは、4〜5月半ば頃までのフィーディングのためにシャローに上がってきた時期とは違って、普通に巻いて食う魚じゃないんだ。その頃だったら、暖かい南風が吹いたタイミングで風下のシャローでスピナーベイトを投げたらバンバン食ってきた、なんてことも起こりうるけれど、6月にそんな状況はほぼない。スポーニングエリアに差したメスは、そんな"普通の巻き物の釣り"には反応してくれない。言ってみればかなり難しい時期だよ。それをどう乗り越えるか?

マツ：たしかに…けっこうこの時期って、シーズンと言われている割りには冴えない結果に終わってしまうケースが多い気がします。小バスが数尾釣れて終了〜みたいな…。

田辺：そう、それでどうにもならなくなって、たとえばクリアレイクだったらサイトフィッシングに手を出してしまうという…そんな展開になりかねない。そうじゃなくて、そうならないためにハードベイトなんだよ。

マツ：この時期のハードベイト…スミマセン、あんまりやった

ことないかも…といって、ソフトベイトの釣りもあんまり自信ないですが(苦笑)。そろそろ答えを聞いても良いでしょうか?

田辺:うん。俺がこの時期に実践しているのは**"巻かないハードベイト"**なんだ。

マツ:ワッツ?　まかないハードベイト?　働いている人用の食事ってことですか?

田辺:電話切っていいか?

マツ:す、スミマセン…。ハードベイトって言ったら、基本的に巻きますよね?　それを、巻かない?

田辺:巻きません。過去に、たしか6月の10日前後だったと思うけど、カスミ(霞ヶ浦)に浮いて1日に13本釣ったんだよ。たしかあのときは同船者が6本…だったかな?　だから2人で船中19本釣ったわけだ。で、サイズは上が1700グラムだったはず。

マツ:1700…ですか?　しかもカスミで船中19本…そんな釣りをしましたか…。

田辺:まあ、かなり前の話だけどね(笑)。うん、だからまさに6月の釣りだな。

マツ:して、そのルアーは???

田辺:レイダウンミノー・ミッド110のフローティングとヒラクランクです。

レイダウンミノー・ミッド110[シリーズ]

090

▽ツ：な、なんと!!　つ、使い方は???　巻かないってことは、ロッドワークで誘うか放置ということでしょうか?

田辺：ぶっちゃけ、基本的な考え方は先月のB-ヒララと同じなんだけど…使い方はひとまず置いといて…圧倒的に数が釣れるのはレイダウンミノー、数は釣れないけれど食えばデカいのがヒラクランクだね。ただ、その頃のヒラクランクはもう生産していないから、ここではレイダウンミノー・ミッドを中心に取り上げていくよ。

　狙うエリアに関しては、シャローの障害物周り、あるいはなんでもないバンク、さっき言ったとおり湖全域で可能性がある。ただ、浅いところを釣るっていうのが大前提。たとえばカスミのようなマッディ系だったら、そうだな…基本は水深50センチくらい。クリアウォーターだったら1メートルくらいか。でも、クリア系の場合、カバーやストラクチャーがあることが絶対条件になる。見えちゃうからね。マッディでは、意外に何もないところでも成立しちゃうんだよ。

▽ツ：その場合、シャローのボトムマテリアルも関係してくるのでしょうか?　たとえば、硬い底質のほうが良い、とか。

田辺：それはいち概には言えないな。というのは、自分が釣っているその日にハマる場所を探していくからなんだ。岩盤で食えば、もちろんハードボトムなわけだよ。底質は、実際に釣ってみたうえでの二次的な要素であって、まずは釣っている水深が大事。魚との距離が遠いと上に引っ張れないからね。そのく

らい浅い水深であっても、バスはサスペンドしていて、上にあるものか下に落ちたものに反応するんだけど、基本的に横には追えないんだ。

マツ：そこで、レイダウンミノー・ミッドを使って上に反応させるわけですね…そのためのアクションが必要だ、と？

田辺：そう。しかも水面に誘うんじゃなく、いったん魚に近づかせたい。だから、存在感があって、軽いトゥイッチであまり移動させずにダイブさせられるレイダウンミノー・ミッドになるわけだ。

このパターンの場合、バスがふわっと浮いてきてパクッて食うケースがほとんど。しかも、チョチョンと潜らせて、スーッと浮かび上がる途中でギラリと食ってくる反応が一番多い。ルアーが水面に上がり切ってからジョボッと出るのは、もう少し回復が進んでからだな。実際に試してみれば、この時期のプリや半プリ、アフター回復系がいかに近くにきたものでなければ反応しないかっていうのがよく分かるよ。

マツ：なるほど、だから水深があったら意味がないんですね。

田辺：水深があったら魚が上がってこない。6月の初旬だと沖の立ち木とかでやっても効いた試しがない。そりゃさんざんやってはみたよ。でも結局、そうじゃないな、と。

だから浅いところにフォーカスして釣り込んでいったほうがいいんだ。それでどんな条件の場所で食ってくるのかが分かれば…たとえば上流のフラットなのか？　中流のクリークなのか？　下流のワンドなのか？　奥なのか？　手前なのか？　入ってすぐなのか？　アシ際なのか？　護岸の水門周りなのか？　そういった次の魚を探すヒントを絞り込むことができるからね。

マツ：つまりアクションは…トゥイッチング。

田辺：そう、チャッチャッと軽くトゥイッチするだけ。それを2回繰り返してピックアップ。とにかく横に動かしたくないからね。**ルアーの移動距離はせいぜい1メートルくらい。それ以上は無意味だと思ったほうがいい。**回収して同じ場所にもう一発入れるか、細かく刻んでいったほうが魚と出会う確率は上がるよ。

実はそこにもミッドを選ぶ理由がある。小さくて軽いミノーだとキャストが決めづらいんだ。それこそ、ショートキャストやピッチングで入れていくからね。それを小さなルアーでやってごらん。とっても難しいから。テキサスやラバージグを撃っていくくらいのつもりでしっかりと刻んでいくことが大前提になる釣りなんだ。

あのアシのくぼみに入れてチョチョンとか、となりのオーバー

ハングの隙間に入れてチョチョンとか、あそこの岩の真横でチョチョンとか…そういうアプローチの連続だからね。逆にそんなふうに入れ込むことができないと、この釣りはムリ（笑）。だって、魚がいるところにルアーを届けて、しかも持ち上げて食わせなくちゃならないんだから。

　思いどおりに投げることができて、しかもちゃんと魚に気付かせることができる。そのためのレイダウンミノー・ミッドなんだよ。ボディは細いけれど、ミディアムリップだからぷりぷりっと存在感のある上下動を演出できる。
　ただし、どこでも可能性があるって言ったけど、**エリアの条件としてはベイトフィッシュがいることが絶対です**。オイカワでもエビでもシラウオでもザリガニでもワカサギでも…何でも

いい。でも、バスが何を食べていようが、サイズを合わせる必要はない。きっと、射程距離に入ったものだけは口にする、スイッチが入る、っていうフィーディング態勢にあるんだろうね。

マツ：なんとなく、虫パターンに近いものがあるような気もします。

田辺：魚の回復状態、季節の進行具合によってはたしかにそれもアリだよ。でも、今回このパターンで狙っているのとは、ちょっと違う。虫だと水面まで呼べないし、魚も水面まで出たがらない。そういうまだちょっと早いタイミングでの話だからね。逆にフローティングミノー系のダイブ＆フロートからちょっと進んで、さらに上層で食ってくるようなら、金属音をプラスしたレイダウンミノー・ウェイクプロッププラスのトゥイッチも試してみてほしい。

レイダウンミノー・ウェイクプロッププラス
[ノリーズ]

マツ：2018年の艇王予選で、伊藤巧さんが繰り出していたパターンですね。

田辺：だな。このルアーには回復したてのメスが強烈な反応を示すケースが多々ある。マッディシャローならアシ際、リザーバーなら傾斜のゆるい土バンクを中心に、産卵で疲れた個体が身を寄せそうな場所をミッドと同様に撃ちまくっていくのが決め手。けっこう、「え？　こんな浅いところにいたの?」っていう水深で思わぬ出会いがあったりする。どちらにせよ、バスの気持ちを考えた王道の釣りですよ。

**　それともうひとつ、大切なことがある!　この時期に釣ったバスはとにかく速やかにリリースすること、そしていつも以上にやさしく扱うことを心掛けてください。**

マツ：はい!

TACKLE DATA

- ■ロッド：ロードランナー・ヴォイス LTT630M、ハードベイトスペシャル HB640ML など［ノリーズ］
- ■リール：カルカッタコンクエスト 100DC、バンタム MGL PG など［シマノ］
- ■ライン：シーガー R18 フロロリミテッド 12 もしくは 14 ポンド［クレハ］

カバー攻略に特化した この時期ならではの選択肢

マツ：先週末から梅雨入りしましたね!!

田辺：こうなると水面系のゲームが楽しくなってくるよな。もちろん、その湖のコンディションにもよるけど。

マツ：ということは、今週はトップウォータールアーの出番でしょうか?

田辺：まぁ、たしかにトップのゲームを考えてはいるんだけど、内容的には季節を進めて考えるのではなく、先週の続きです。応用編だと思ってもらったほうが良いかもしれないね。

マツ：応用…と聞くと難しそうな気が…。

田辺：いや、前回がキホンで今回が応用っていう意味ではなく、シチュエーションが違っていたらどんなルアーを使う？ ってことだよ。考え方を派生させてみよう、ってこと。そういう意味での応用です。

先週のレイダウンミノー・ミッドやウェイクプロップのパターンは岸際とか障害物の脇に入れていくけれど、どちらかといえばやはりオープンなスペースでの展開になるよね。じゃあ、狙っている魚自体は同じなんだけれど、カバーをダイレクトに釣る場合はどうする?

マツ：ってことは、当然スナッグレス性能が要求されるってことですよね？　根がかりしないトップっていうとフロッグしか思い浮かびませんが…。

田辺：ハイ、正解です（笑）。

マツ：あらホント？　いたってシンプルですね（笑）。

田辺：だろ（笑）。同じ魚を狙う場合でも、トレブルフックの付いたハードベイトじゃどうにも投げられない場所があるよね。アシの中、ゴミ溜まり、パッドエリア、ウィードの上…場合によっちゃ水面との隙間がほんのわずかしかないオーバーハングの下なんかにもフロッグだったらねじ込める。もちろん、この場合も水深は大切だけどね。

　で、ノリーズにはNF60とエビガエル、ホショクオンっていう3種類のフロッグがあるんだけれど、今回挙げるのはエビガエル。

エビガエル
[ノリーズ]

ﾏﾂ：出た!　ポッパータイプのフロッグですね?

田辺：「出た!」ってなんだよ (笑)。いやもちろんNFでもホショク
オンでも良いんだけどね。じゃあなぜエビガエルなのか?

ﾏﾂ：今回は当たりそうですよ (笑)。なんとなく想像できます。

田辺：でも、答えは2つあるからね。

ﾏﾂ：ウ…ひとつしか思い浮かびません。あまり移動させたく
ないからでは?　エビガエルはポッパータイプなので、じっくりと、
でもしっかりと水面に誘うことができるっていう。

田辺：(あっさり)違います (笑)。

ﾏﾂ：え、マジですか…かなり自信あったんですけど。

田辺：それはハッキリ言ってあまり関係ないよ。**ひとつは、この
中空かつソフトボディのナチュラルな着水音**。これが大事!!　そ
ういう意味で、当然ほかの2つもありなわけだよ。で、もうひとつ。

ﾏﾂ：…エビガエルだけにエビとカエルで一度に2つの味が楽し
めそう…みたいな?

田辺：電話切っていいか?

ﾏﾂ：すみません、冗談です。

田辺：まあ、これは実際に使ってみないと分からない部分なん
だけれど (笑)、**エビガエルはとってもフッキングが良いんだ**。細
身のボディ形状とフックのデザインに起因しているんだけど、半
プリやアフターの回復していない個体のチョボッって感じの弱
いバイトでも、ちゃんとノッてくれるんだよ。もちろん、チビエビ
ガエルもそう。サイズがサイズだから、さらに乗りやすい。

マツ：そ、その答えは…使ったことないと分かりませんが…。

田辺：ぜひ使って、体感してください（笑）。参考までに、俺がメインに使うロッドは630MH。フロッグというと、ヘビーロングロッドを想像するかもしれないけれど、この釣りは何と言ってもアキュラシーが大切だからね。ピンスポットにきっちり入れられて、しっかりアクションを与えようと思ったら、ロクサンのロッドが極めて理に適っているのが分かるはずです。ちなみにエビガエルは本当にフッキングがしやすいからカバーの種類や密度によっては630Mでも大丈夫だよ。

TACKLE DATA

■ロッド：ロードランナー・ヴォイスLTT630MH［ノリーズ］
■リール：バンタムMGL XG、アンタレスHGなど［シマノ］
■ライン：PE3〜4号

6月 第3週 【続・魔のタイミングで投入する巻き物】

ひたすら男引きで"運が悪い日"を克服せよ!!

田辺：今回はね、普通のトップや巻きの釣りが効き始める時期ではあるんだけれど、アフター特有の激タフな状況に出くわしたときの釣りについて解説するよ。これまで紹介してきたレイダウンミノー・ミッドでもフロッグ系でもダメな場合、どうする？ いわば、全域が"ドアフター"みたいな状態になってしまった場合だよ。

なんていうのかな…前に説明したとおり基本的にひとつの湖の中で産卵は場所によって微妙にズレながら進行していくから、たいていはどこかのエリアで何かしらハマる釣りを見い出せるハズなんだよ。**でも、すごく狭いタイミングで、何をやってもダメっていうときがあるんだ。**

たとえばクリアウォーターやステインウォーターだったら、たまに小さなオスがベッドやフライ（孵化したばかりのバスの稚魚）

を守ってるくらいで、それ以外の魚はまったく確認できないような状況。どこに行ってもバスがいないっていう…。

　先月、"魔の5月"って言ったけど、スポーニングが本格的に絡んできたら、そこから夏直前くらいまでは厳しい状況に遭遇するケースがある。**それこそ『魔のタイミング』っていうのかな**(笑)。そんな日にたまの釣行がぶち当たっちゃったとしたら、運が悪いとしか言いようがない。

　でも、そんなときにライトリグを入れてどんどんスローダウンしていくんじゃなくて、巻いてどうにかしたいと思ったら…キミなら何を選ぶ？　これまでに紹介してきたのはナシね(笑)。

マツ：巻き物ですよね？　う〜ん、僕だったら…いっそ開き直ってビッグバドを引きまくります(笑)。

田辺：ウン、選択的には悪くない。考え方としては同じような感じだよ。

マツ：マジすか？　して答えは？

田辺：バズベイト、ボルケーノⅡです。

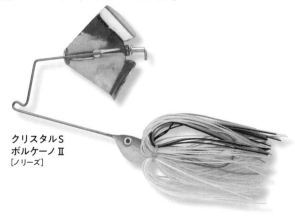

クリスタルS
ボルケーノⅡ
[ノリーズ]

マツ：……あのぉ、5月にグリッパーが出てきたので、バズはパスしたんですけど…。

田辺：いや、6月に入ってからは紹介してないだろ（笑）。もちろん、状況しだいではグリッパーもアリです。じゃあどう使うのかっていうと…。

ボルケーノグリッパー
[ノリーズ]

マツ：ひたすら男引き!?（笑）

田辺：う…いや、そのとおりだよ（笑）。

マツ：マジですかぁ？

田辺：うん、ひたすら男引き!!　そうすると、ものすごい勢いで追ってきたり、ちょっと深いレンジから上がってきたりしてドッカーン!!　みたいな、とにかく強烈な食い方をしてくるんだ。それこそ、**「なんで出たの？　キミは今までいったいどこにいたの？」**って言いたくなるような食い方だよ（笑）。

　たとえば俺の場合、どうにもならなくなったときにスピナーベイトをバカ投げするっていうのはよくやるんだけど、このタイミングでの魚は、その釣りには反応しない。**表層で、しかもバズだからこそスイッチが入るっていう魚がいるんだ。**

グリッパーの場合、4枚フィンのブレードが水をがっちりとつかむぶん、ちょっと速めに巻くと強すぎてしまう嫌いがある。というわけで、もう少し小ぶりでペラも小さめなボルケーノⅡ。要は同じ魔のタイミンングでも、回復度合いやバスの反応に応じてリトリーブスピードを変化させるべき、ということだね。

　どっちこっち、そんなボコボコに釣れるわけではないよ。でも、くればほぼ間違いなく良いサイズだよ。

マツ：ひたすら男引きっていうことは、とにかくどこもかしこもキャストしてみるっていう感じでしょうか。

田辺：うん、とにかく片っ端から通してみる。で、やってるうちになんとなく「あ、こんなところにいるんだ」っていうのが分かってきて…じゃあってことで、同じような条件の場所を探して釣っていったら、やっぱり反応がなくなってしまい…もう一度片っ端から狙い始めたらさっきとは全然違う条件の場所で出ました、みたいな(笑)。実は正直、俺もよく分からないっていう…。

マツ：この釣りが有効なレイクタイプっていうのはあるのでしょうか?

田辺：湖沼でもいいし河川でもいい、場所は関係ない。ついでに言うと、水深も関係ない。もちろん深いところは水面に絡む障害物の存在が必要だけどね。たとえば水深15メートルの沖に係留してある船があったとするよね。でも、その下を覗いてもバスなんかいやしない。当然、ライトリグを入れてみる気にはならない。でも、離れた場所から船の際にバズを通したら、いきなり下から浮いてきて"ドンッ!!"みたいな。

　それがシャローのアシ際なのかもしれないし、オーバーハングのシェードかもしれないし、ウィードなのかもしれないし…どこかは分からない、数も少ない、でも"バズには反応します"っていう個体がいるんだよ。同じ水面の釣りでも、トップウォータープラグには食ってこないのに…っていうときがあるんですよ。

　もうちょい時期が進めば、グラビンバズだとかシャッドテール系の表層引きだとか、選択肢も増えてくるんだけどね。

マツ：バスって、おもしろい魚ですね（笑）。

田辺：だから俺も含めて、みんながここまでハマるんだろうね。

マツ：もう泥沼です（笑）。

TACKLE DATA

- ロッド：ロードランナー・ヴォイス・ハードベイトスペシャルHB630L、同HB630M、同680L、LTT680MHなど［ノリーズ］
- リール：カルカッタコンクエスト100、アンタレス、バンタムMGL HGなど［シマノ］
- ライン：シーガーR18 フロロリミテッド14もしくは16ポンド［クレハ］

手っ取り早く いいサイズを選んでいける 田辺流フィネス

田辺：今回は、6月の切り札を出そうか。ただし時系列で解説しているワケではないからね。「最終週はこの釣りを!」っていう意味じゃありませんよ。これまで紹介してきたルアーと、今回紹介するコマをひっくるめて6月の釣りなんだ。

　まだプリスポーンの個体もいる、でもアフターもいるっていう混沌とした状況の中で、どんな魚を狙っていくのか？ 湖の状態を見極めながら、釣っていってもらいたい。

マツ：その一連の選択肢の中で最後の切り札になる、と?

田辺：そう。いや、単純に切り札っていうと語弊があるけれど…これまでのパターンではどうにもならない。じゃあ何を入れる？ っていう場面でのチョイスだな。

マツ：つまり切り札、ですよね?(笑)

田辺：そう言っちゃうと、「じゃあ、最初からそれを投げればい

いじゃん」って思う人もいるかもしれない。そんな単純なものではないぞ、と。だから、今回紹介するコマをひっくるめて6月の釣りって言っただろ〵(。｀Д´。)ノ　自分のメインの釣りではなく、たとえボリュームのあるワームを使うとするにしても、できるだけ頑張りたいでしょ(笑)。

マツ：なるほど(汗)。今回紹介するルアーを最初に投入して釣れなくても、もしかしたらレイダウンミノー・ミッドに食うかもしれない。ボルケーノには出るかもしれない、ということですね?

田辺：そう。最初から最後までライトリグを投げ続けて、それで釣れなかったときに、「今日はライトリグでも食わないくらいタフでした」って言うのはおかしいでしょ?　そういう意味だよ。

マツ：つまり、今回のゲームはライトリグなわけですね?

田辺：俺にとってはな(笑)。

マツ：して、そのルアーとは?

田辺：答えを求める前に、マツの考えるルアーを教えてくれよ。

マツ：ロングカーリーテールのスプリットショットリグなんてどうでしょう。昔、牛久沼で田辺さんが思いっきりハメたのを覚えてます。ちょうどこれくらいの時期でしたよ。

田辺：懐かしいな。セブンカール(マルキュー/エコギア※廃盤)だろ。たしかに、そういう釣りもあるよね。でも、今回用意したのは別だよ。

マツ：というと？

田辺：ベイトネコ!!

マツ：イマっぽいですね（笑）。

田辺：だろ？　オレだってたまにはこういう釣りをすることもありますよ（笑）。でね、普通の小さいワームでネコリグをやると産卵とはまったく関係のない小バスが食ってきちゃうわけだ。だから、セットするのはシュリルピンの5インチか6.5インチ。それにフリップコギルとフリップギル5インチもかなりヤバいね。最近はあまりやらなくなっちゃったけど、大きめなワームのネコリグやノーシンカーはどうにもならない時の俺の最終コマ。ウォッシャークローラーやフカベイトとか、大きいトップがダメ、バズもスピナーベイトもブレーデッドジグもダメなんていう状況では、今のところこれぐらいしかない。**要は浮き気味の魚に対してフォールで食わせたり、ボトムに追い込ませたり、ゆっくりと横に移動させたりと、水はしっかり押すけどスローっていうのがキーなんだ。**

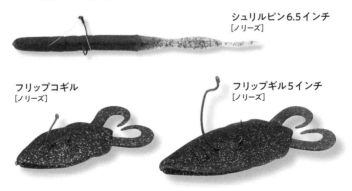

シュリルピン6.5インチ
[ノリーズ]

フリップコギル
[ノリーズ]

フリップギル5インチ
[ノリーズ]

マツ：ネコリグってことは、ウエイトを挿入するわけですよね。具体的な重さってありますか？

田辺：シュリルピンなら重くても1/16オンスか3/32オンス、軽くするなら1/32オンスくらい。フリップギル5インチには1/16〜1/8オンスまで使っちゃうけど…**ネイルシンカーの使い分けは、タックルとのマッチングで自分が投げやすい重さを基準にすればいいと思う。**

マツ：ということは…使い方にキモがあるんでしょうか？

田辺：そんなに難しく考える必要はなくて、障害物に絡めて落としていくだけ。シュリルピンのネコって、フォール中のボディとテールの動きが絶妙なんだよ。フリップギルなら障害物の上とか脇とかシェード狙い。っていうか、「ここだ!!」って思えると

ころを撃っていく釣りじゃないと、オレ的にこういうゲームはやり切れないからさ(笑)。

ボトムまでフォールさせたら、せいぜい2、3回ふわっふわっと誘ってそれで食わなきゃピックアップ。次の障害物に入れていく。もちろん、目視できる範囲での中層狙いもアリアリだけどね。

マツ：フィネスな釣りだけど、リズムは速い。まさに田辺流フィネスですね〜。

田辺：まあ、この手の釣りはあまりシーズンを問わないから、夏でも秋でも、タフったときには出番があるんだけどね(笑)。

TACKLE DATA

■ロッド：シュリルピン＆フリップコギル用／ロードランナー・ストラクチャー ST650M、フリップギル5インチ用／同ST720Hなど [ノリーズ]
■リール：メタニウムMGL、アンタレスなど [シマノ]
■ライン：シーガーR18フロロリミテッド14ポンド [クレハ]

6月のストロングサーフェスゲーム!!

絶対的ビッグバスパターン二選

俺の中で現時点で確立しているゲームとして、この月に追記しておきたいパターンが2つある。

ひとつはウォッシャークローラーなどクローラー系トップを用い、立ち木や橋脚など縦の障害物サイドを巻きながら通していく釣り。ここで重要なのは、止めて、サスペンドしている個体を浮かせて食わせるのではなく、巻き切ること。リトリーブ速度はちょい速めで攻め込んでいく。クロールアクションと、羽根のパーツが生み出すガチャガチャと騒がしい金属接触音によってデカバスのスイッチが入れられるのです。

この釣りでは、2018年6月に亀山ダムの自己レコードを更新する58.5センチを手にしております。

そしてもうひとつが、クローラー系とは対照的なフカベイトによるスローな釣り。こちらは、障害物に関わらずバスが水面近くにいることが大切ですよ（見えていてもOK）。ボディ腹部に装着されたブレードによる縦波動がとにかく効く！　バスのほうから近づいてきて、静かにジュボっと吸い込むように食ってくる。イメージは"デカい虫"です（笑）。

ウォッシャークローラーフカフカ（左/改良Ver.）とプロトのフカベイト。これらもまたボックスから外せないアイテムなのです。

TACKLE DATA

■ロッド：ロードランナー・ヴォイスLTT690PH、LTT680H［ノリーズ］
■リール：カルカッタコンクエストDC200、メタニウムDCなど（シマノ）
■ライン：シーガーR18フロロリミテッド16ポンド［クレハ］

【梅雨はトップってホント!?】

ほぼ着水で
勝負が決まる、
カバー際の攻防!!

マツ：7月になった途端にジトジトと梅雨っぽさが増してきましたね。こうなると、トップウォーターだとか巻いて釣れる季節って感じですね!!

田辺：本当にそうかな？ じゃあ聞くけど、そんなにトップや巻き物でガンガン釣れた記憶ばかりしかない？ 過去を振り返ってみて、どうよ？

マツ：う、そう言われると…たしかに…釣れたこともある…ような気もするけど、結局ライトリグでしか釣れなかったなんていうケースもあったような…って言うか、メディアに踊らされてる？

田辺：でしょ？ たぶん、そのはずだよ（笑）。**7月は、どれだけスポーニングから回復しているかがゲームを左右するカギとなる部分だよね。そこを起点に考えてはいくんだけれど…**。

マツ：だけれど?

田辺：地域ごとの時間差はあるにせよ、おおむねポストスポーンのタフなタイミングは脱していると思って良いんじゃないかな。でも、言ってみればその日の魚の活性に応じたアプローチっていうのが、7月、とくに梅雨の間は重要になってくる。

マツ：この時期こそ、アフター回復でイケイケになってるイメージなんですけど?

田辺：そういうイメージを持っているアングラーはけっこう多いと思う。もちろん、そんなタイミングに出くわすこともあると思うよ。条件しだいでは、それこそ強烈なゲームが楽しめることもある。でも、頭からそう決め込んで突っ走っちゃうと、痛い目を見るのもこの時期なんだ。とくに梅雨の冷たい雨が続いたときなんかは要注意だね。今の時期に限っていえば、やっぱり魚にとっては暖かいほうが良いんだ。

　これが真夏になってくると、暑すぎて「水中の溶存酸素が足りません」っていうふうになってしまうけれど、今はまだそんな状況じゃない。水温を考えると、むしろ暑いくらいのほうが良かったりするんだ。

マツ：そのほうが、この時期は魚の活性が高くなるということでしょうか?

田辺：そう。バスだけでなく、ベイトフィッシュもね。水温で言うと、そうだな…20℃を超えて、26℃くらいまでかな… これが28℃、さらに30℃になっちゃいました、なんていうともう無

酸素に近い状態になってしまうだろうから暑すぎるのはNGな
んだけど、それはまだ先の話。

　魚のポジションで考えてみると分かりやすいかもしれない
ね。そのレイクで最後に産卵が行なわれた場所の魚は、まだそ
のスポーニングエリア周辺にいるはずだよ。ただし、最初に産
卵が行なわれた場所からは、すでにバスは動いてしまっている。
じゃあ、どこにいるかって言うと…**そういった個体を探し出す
ヒントはベイトフィッシュだよ。**

マツ：水通しだとか、カレント（流れ）とか、シェードとか、そう
いう要素は考えなくて良い、と?

田辺：そう。夏の要素はまだ考えなくてもいい。水温が20℃
台後半になっているレイクならまだしも、26℃くらいまでなら、
バスにとっては普通に過ごせるはずだからね。逆な言い方を
すれば、**ベイトフィッシュが流れに入ればバスも流れの中に入
るし、流れの中にベイトがいなければ、バスもいない。**それを
念頭に置いたうえで、どのポジションの、どういったコンディショ
ンの魚を狙うかがこの時期のカギになってくるわけだ。

マツ：その場合、田辺さんの中で、このエリアはまだベッドが
ちょっと残ってるからパスして、まずはあっちの回復が早いエ
リアを釣っていく、みたいな展開になるのでしょうか?

田辺：そのあたりは湖や川の規模にもよるけれど、たとえば、
エレキだけで1日あれば見て回れるくらいの狭い湖だったら全
域を釣りながら、各エリアでアジャストしていけばいい。そん

なに大きなタイムラグはないだろうからね。

マツ：梅雨だからトップ!!　梅雨だから巻き物!!　みたいな考え方はしないほうが良いわけですね…。

田辺：もちろんそれでハマるならば、理想的だよ。でも、そんなに甘くない。ルアーを縛れるほど簡単な時期じゃないんだ。たとえばトップで釣りたいっていうのなら、むしろ梅雨が明けて太平洋高気圧が勢力を増す、真夏になってからのほうがいい。そりゃ真っ昼間は厳しいけど、朝夕に限定すれば確実にトップで反応を得られるだろうからね。

　ところが今の時期だと、まさに「魚が沈む」っていう表現がぴったりの状況に陥ってしまうことがあるんだ。ちょっと気温が下がって、冷たい雨が降って表層の水温が下がると、一気に

プランクトンが沈んで、ベイトフィッシュも沈んで、当然バスも沈む。沈んだ魚っていうのは、往々にしてヤル気がない。逆に魚が上ずっていれば、もちろん攻め込んでいける。

マツ：バスが上ずっているのか、沈んでいるのかを見極めながら展開する必要がある、ということですね?

田辺：シンプルに考えれば、そういうこと。マツみたいに年がら年中上ずっているわけじゃないんだよ（笑）。

マツ：失敬な!!　僕だって沈むときはありますよ（笑）。

田辺：まあいいや（笑）。まとめると、スポーニングエリアを基点に考えたとき、もう確実に季節は進んでいるわけだから、すでにそこから離れているバスもいる。その一方で、まだエリアにタイトな個体もいる。で、離れたバスはシャローにもいるかもしれないし、ディープにいるかもしれない。そのすべてを支配しているのはエサ、つまりベイトフィッシュだということ。だから、魚が上ずっているか、沈んでいるのかはその日による、と。理解できた?

マツ：理解できました!　じゃあそろそろ、田辺哲男が考える7月のゲーム、まず一発めを教えてくださいませ!!

田辺：その前にひとつ言っておきたいんだけど、**今のタイミングは、すべてのルアーが可能性があるっていうことを覚えておいてほしい。**上ずったり、沈んだりっていうコンディションの変化に合わせてチョイスしていくわけだけれど、それさえ間違えなければ、いろいろなルアーが楽しめるのが今の時期なん

だよ。

　魚のヤル気がマックスであれば、それ相応のゲームが楽しめるのもたしか。その一方で、弱いルアーじゃないと手に負えない可能性もある。つまり、「梅雨だからトップ!!」っていうんじゃなくて、常に臨機応変に考えなければダメだということ。

㋮㋡：ってことはやはり、今週はコレが効きます!　来週はアレを試してみて!　というのではなく、先月と同じで、7月ってこういうゲームがあるんだよ、という紹介の仕方になるということですね?

田辺：そういうことになるね。ルアマガモバイルで各地のスーパーローカルたちが毎週解説しているような、あるひとつのフィールドだけに特化して状況や攻略パターンをアドバイスするのとは方向性が違うからね。

㋮㋡：なるほど。して、まず田辺さんが挙げるのは?

田辺：そりゃあ、やっぱりトップでしょう!!(笑)

㋮㋡：やっぱりトップですよね(笑)。

田辺：魚が上ずってヤル気マンマンの状況ならば、やっぱりトップだよ!!　でね、デカい魚を狙おうと思ったら、オレのゲームの中でのとっておきは…。

㋮㋡：とっておきは…?(ゴクリ)

田辺：次回の宿題にする?

㋮㋡：しません!!

田辺：冗談です（笑）。**とっておきは、デカトップ!!**　具体的に

117

はウォッシャーシリーズとかウォッシャジュピタだね。

ウォッシャー
[ノリーズ×アカシブランド]

ウォッシャジュピタ
[ノリーズ×アカシブランド]

マツ：デカトップ!!　攻めてる感じですね〜!!

田辺：だろ。理由も明快だよ。魚に気付かせやすいから。でね、デカトップは小さいバスも気付いちゃうんだけど、食ってくる魚がデカい。ついでに言うと、上ずってさえいれば、かなりの確率で食ってくる。**デカトップのデカトップたる力の強さを理解できるのが、この時期でもあるんだ。**

　夏よりもむしろ水面近くに魚が浮くのが今の時期。6月の中頃からスタートしているパターンだけど特に7月っていうのは、日中にバスがボーっと浮いていたりするでしょ。状況さえ良ければ、そんな魚にスイッチを入れられるのがデカトップで、しかも朝夕関係なく一日中出まくるよう展開もありうるんだよ。

マツ：使い方は？　どんな場面で投入するんでしょうか？

田辺：ヒラクランクギルなんかもそうだけれど、デカいルアー

の着水音って魚を呼ぶ範囲が広いよね。だから、このゲームは
キャストしてルアーが水に着いた瞬間からバスにアピールして
いるわけだけれど…。

　こう考えると分かりやすいかな。たとえば真っ昼間。普通
だったらカバーの奥の奥のシェードにワームをフリップして反
応させるような状況なんだけれど、カバーのエッジにジョボン
と落としたデカトップには、奥から横移動してきて食ってしま
うっていう。これが普通サイズのトップウォータールアーだと、
それこそカバーの奥に入れ込まないと気付いてもらえなかっ
たりするわけだ。

　ただし、デカいトップならなんでも良いかというと、そうじゃ
ない。ウォッシャーとかウォッシャジュピタは、ちゃんと着水音
を考えて作っているんだ。そのための横リップであって、あれ
はオレの中ではカポカポさせるためのものじゃない。横リップ
が付いてるぶん、気持ちソフトに、でも腹から存在感のあるダ
イブをしてくれる。

　**とにかく着水音が命!!　そうだな…着水した時点でほとん
ど勝負が決まっていると思ってもいいよ。**8割…いや9割？　さ
すがに10割まではいかないけど、まずは着水音で誘う。で、次
に捕食音を演出する。デカめの「グワァバッ!!」っていうのを2
アクションくらい与えて誘ってやる。たしかにそれで躊躇する
個体もいるよ。でも、食うヤツは食ってくる。そういうゲーム
なんだ。

119

　ただし、これがオープンウォーターだとデカトップはまったく通用しなくなっちゃうから要注意（笑）。オープンウォーターでは…。

マツ：では?

田辺：まずは自分で考えてみましょう（笑）。

TACKLE DATA

■ロッド：ロードランナー・ヴォイスLTT680H、ハードベイトスペシャルHB660H［ノリーズ］
■リール：カルカッタコンクエストDC200、メタニウムDCなど［シマノ］
■ライン：シーガーR18フロロリミテッド16ポンド［クレハ］

「クンときてゴンッ!!」。縦スト利用のリアクションゲーム

マツ：先週はデカトップでのカバー攻略。でも、何もないオープンウォーターでは使えないぞ、というところで終わりました。

田辺：うん、もちろん状況にもよるけど、ちょっとインパクト強すぎるからね。じゃあオープンウォーターの展開は？ っていうと、その部分は割りとベーシックなんで後回しにします（笑）。今回はデカトップとはまったく逆の状況、魚が上ずっていないとき、どんなゲームをするかを解説したいと思う。

　先週も言ったんだけど、梅雨時に気温が下がったり、冷たい雨が降り続いて水温が下がったりすると、魚は沈んでしまう。こうなると、もはやトップには反応しない。そういうときにどんな釣りをするか？ みんながすぐ頭に思い浮かべるのは、ノーシンカーの釣りじゃないかな？ 高比重ワームなんかのバックスライドとか。

マツ：ファットイカとかヤマセンコーとか、ほいほい入れちゃいます（笑）。

田辺：そうだろうね。ごく一般的に考えたら、それはそれで理に適ってる。魚は沈むっていっても、この時期はボトムべったりまで落ちてしまうわけじゃなくて、レンジを下げて浮いているからね。そんな魚の目の前にノーシンカーをゆっくり落とすっていうのは、食わせのアプローチとして間違いなく有効でしょう。でも、そうではなくて、とりあえずまずは理想のゲームを追求してみたい。まあ、言ってみれば巻きの釣りだよ。魚が沈んで、でも巻いてデカいのを反応させたい。

マツ：そういう巻きのゲームがある、と。

田辺：ある。なんだと思う？

マツ：…シャッドテール系ノーシンカーの巻きの釣りなんてどうでしょうか？　スプーンテールライブロールをちょっと沈めてゆっくり巻く、みたいな？

田辺：それは……（汗）。

マツ：あら、もしかして思いっきりハズしてます？（笑）

田辺：いや、それもアリだよな（笑）。でも今回、俺が言いたいのはそういう食わせ寄りの釣りじゃなくて、もっと巻きの王道パターンだね。

マツ：ってことは!!

田辺：ズバリ、スピナーベイトのスローロール!!

マツ：それだっ!!

田辺：「それだ!!」ってなんだよ(笑)。ちなみに今回の話っていうのは、たとえばリザーバーとか、それなりに水深のあるレイクを前提にしています。低地にあるフラットなマッディウォーターとかは、そもそも浅いから魚が沈むっていっても知れてるからね。で、俺の場合はディーパーレンジの3/4オンスを使う。これを、そうだな…魚が沈んだレンジ、水深2〜3メートルくらいに通していくわけだよ。

クリスタルS
ディーパーレンジ3/4オンス
[ノリーズ]

マツ：その場合、ディープクランクとかではダメなんでしょうか？

田辺：そうくると思ったよ。同じ巻きの釣りを考えるなら、クランクベイトはどうかと思うよね。でも、これが濁りとか流れとかいい状況がないとけっこう食ってくれない。通常の状態でも高確率で反応するのは、スピナーベイトなんだ。

マツ：使い方にキモがあるんでしょうか？

田辺：ある。**要はリアクションで食わせるんだよ。だから、コンタクトさせられる縦ストラクチャーが存在することが絶対条件**

になる。そこでヒラを打たせてリアクションを誘発するっていう、ね。この場合の縦ストは、クイでも橋脚でもアンカーロープでも、岩盤でも立ち木でもなんでもいい。ヒラが打てればね。

水深2〜3メートルまで落として、そのレンジをゆっくりと浮き上がらずに巻けて、しかも障害物にコンタクトしたらきっちりとヒラを打ってくれる、ということで3/4オンス。

これが上ずってるなら話は別だよ。それこそ、3/8オンスのオリジナルクリスタルSでもシャローロールでもいい。でも、今話している状況はそうじゃなくて、沈んだ魚に対するアプローチだからね。もちろん、上手くできるなら1/2オンスもアリですよ。

マツ：これってもしかして、以前、高滝湖の特命釣行時にメインレイク下流の漁礁周りで試していたパターンでは…？

田辺：そうだよ。今頃気付いた？（笑）　まあ、あの取材は6月末なわけだけれど、要するに俺がやりたいアフター回復の個体を相手にするゲームを展開していったわけだ。

マツ：あそこ、水深が5〜6メートルあったじゃないですか。でも、いきなり1尾釣って…あれは正直ちょっとシビレました（笑）。

田辺：ちょっとってなんだよ（笑）。あのときも、もちろん5メートルボトムを釣っていたわけじゃない。漁礁を固定してるアンカーのロープにサスペンドしている個体を想定して探ってみたわけだよ。そしたらいきなり食ってきた。でも、サイズがいまひとつだったし、後が続かなかったから、パターンそのものの深追いはしなかったんだ。

　要するに沈んだ魚を攻略するためには、マツが言ったように、スプーンテールのスイミングだとかテキサスによる巻きの釣りも当然あるわけだよ。もちろん、高比重ワームのフォールもある。でも、「ちょっと待ったぁ」と。その前にこんな釣りもあるんだよ、と。ディーパーレンジを一段下げたレンジでゆっくりと巻いてるでしょ。で、何かに当たったら、**クンときてゴンッ!!**　だよ（笑）。

マツ：クンときてゴンッ!!　と（笑）。

田辺：梅雨なのにトップに反応しない。かといって浅いレンジでクランクやスピナーベイト、バイブレーションなんかを巻いても食わない。そんな状況だからってすぐ食わせの釣りにシフトするんじゃなくて、まだ試すべきことがあるってことだよ。

　ちなみに、**スローロールの一番いいやり方はカウントダウンを**

上手く使うこと。特に障害物のエッジにルアーの軌道を合わせられるよう調整しながら攻めていけるよう心掛けるのがマル。このとき、ラインが先に障害物に擦れてしまうとバイトが遠のきがちなので注意してほしい。

クリスタルSやディーパーレンジは、ゆっくり落としながらのカーブフォールでもしっかりブレードが回転するので、上手く操作できるはずだよ。

マツ：う〜む、イケてますね。

田辺：だろ（笑）。

TACKLE DATA

■ロッド：ロードランナー・ヴォイスLTT680MH、LTT680H、LTT6100H、ハードベイトスペシャルHB660H、HB760Mなど［ノリーズ］
■リール：カルカッタコンクエストDC200、メタニウムDCなど［シマノ］
■ライン：シーガーR18フロロリミテッド14もしくは16ポンド［クレハ］

【アーリーサマーのスローダウン】

ヘビーシンカーならではの、もうひとつのメリット!!

マツ：すっかり梅雨が明けちゃいましたね。

田辺：例年ならもうちょっと遅いけどな。ということで、今回は前回の続きではあるけれど、梅雨明けからも当然アリの展開を用意したよ。

マツ：ハイ、先週は、水温が下がって沈んだ魚をスローロールで獲るっていうパターンでした。

田辺：そうだね。巻きの釣りでも、もちろんスプーンテールのノーシンカーとかテキサスとか、ジグヘッドでもいいけど、食わせに寄った展開がある。でも、その前にまだあるだろ、ってことでディーパーレンジのスローロール。

　それでダメならワーム系の巻きを試して、それでダメなら…さすがに巻く釣りはないな、と。そこから、今度は落とす釣りに入ってスローダウンするわけだ。

マツ：そこで出てくるのは?

田辺：フリップだよ。って言ってしまうと語弊があるけれど、要はそれなりのウエイトのシンカーをセットしたテキサスできっちり撃っていく釣りだな。たとえば、マッディシャローレイクみたいに延々とフリッピングするようなストレッチはなくても、ゴミ溜まりとかブッシュとか、どの湖にも少なからずそういったスポットはあるからね。

要するにオレがやりたいのは、3/4オンスとか重いシンカーじゃないと太刀打ちできないようなカバーの釣りだよ。 これじゃなきゃ入らないだろっていう、ね。

ただ、重いウエイトの理由っていうのは、それだけじゃない。魚が沈んで巻きが効かないっていう状況だと、つまりはちゃんと見せなきゃ食わないってことでしょ? そこにヒントがある。なんだと思う?

エスケープスイムツイン
[ノリーズ] 3/4オンステキサスリグ

マツ：…え〜と…重いってことは…普通のリグじゃ入れられないようなカバーに入れられるっていう…。

田辺：え? まさかそれしか思い浮かばないのか? キミの頭の中にはパンチングしかないのか(笑)。マツ、バス釣り何年やって

んだっけ?

マツ：30年…いや40年近くになりますけど、なにか?

田辺：40年…ちょっとやり込んだ人なら誰でも分かるはずなんだけど(苦笑)。ちゃんと見せたいっていうのがヒントだよ? 難しく考えすぎてないか?

マツ：…………?????

田辺：じゃあ質問を変えるよ。たとえば、垂直岩盤を撃つ場合、軽いシンカーだとどうなる?

マツ：ディープに送り届けるのに時間がかかってしまいます。

田辺：いや、そうじゃなくてさ…別に今、ディープの話はしてないんだけど(笑)。軽いと、ちょっとラインにテンションがかかっただけでカーブフォールしちゃうでしょ? その時点で、バスから離れていってしまうわけだよ。

　こうなると、沈んだ魚は反応してくれない。**目の前にきっちり送り届けるための重いウエイトなんだ**。重いと手前にこない。置きたいところに置けるわけだ。

マツ：な〜んだ。

田辺：な〜んだじゃないよ(笑)。この、置きたいところに置けるっていうのは、

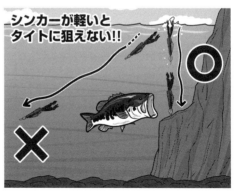

実はとっても大事なことなんだ。水深50センチなのか、1メートルなのか、2メートルなのか、**置く場所をきっちり変えていくことができれば、食わせられる魚の数は確実に増える**からね。具に関してはいろいろ選択肢があるけれど、そうだな…フォール中にアームのバタつきでしっかりアピールできるエスケープスイムツインなんかがいいね。

　で、これからサマーパターンに入ってくれば、やっぱりウエイトのあるシンカーで誰も入れられないようなカバーを撃っていくっていうのは、当然あるパターンでしょ。水深が10メートルあろうが、カバーの沖側のエッジを貫通させて「バクッ」みたいな。ノーシンカーの高比重ワームじゃ、そんなカバーにはねじ込むことすらできない。だからといって軽いシンカーでも太刀打ちできない。要するに、そういうヘビーカバーを釣るってことだよ。だから普段ワームを使う時より強めのロッドを選ぶ。ティップが入ってしまうと、シンカーが重いぶん障害物をかわそうとする時にもたれて絡みすぎちゃうからね。

マツ：ってことは、ラバージグもありなんでしょうか?

田辺：ジグだと、やっぱり抵抗が増えるぶん手前に来てしまったり、フォールスピードが遅くなるからな…この釣りに関しては、俺的にはテキサスのほうがやりやすい。この時期になってくると重いシンカーでのスピードフォールでも食い止められるようになるし、逆に速いから食うっていうケースもある。

　ちなみに、シンカーを重くする理由はもうひとつあります。

マツ：まだあるんですか？

田辺：これは俺的にも微妙なんだけど…もう想像の世界だからさ（笑）。重いシンカーだと、ボトムに着いたときにモワッと土煙が立って、その土煙でワームが隠れるからバスもなんだか分からなくて食べちゃうっていう考え方なんだけどね。

　要するに、エビとかザリガニが動いた時に泥が舞って煙幕みたいになるでしょ。それが効果的だっていう話を聞いたことがあるんだ。考え方としてはおもしろいでしょ（笑）。それを立証するのは難しいけど。

マツ：でも、それって泥のボトムじゃなければ意味ないですよね？

田辺：まぁな（笑）。でも、俺的にはこういうイメージって嫌いじゃない。むしろツボにハマったよ（笑）。「え、何それ？　いや、あるかも…」みたいな（笑）。そもそもバスフィッシングっていうのは、言ってみればすべてがアングラー側の主観だからね。

TACKLE DATA

■ロッド：ロードランナー・ヴォイス・ジャングル760JMH［ノリーズ］
■リール：アンタレス、バンタムMGL HGなど［シマノ］
■ライン：シーガーR18フロロリミテッド20ポンド［クレハ］

オープンウォーターで フィーディングバスを食わせる 唯一無二!!

マツ：梅雨が明けたと思ったら、関東地方はいきなり気温20℃台まで涼しくなって、かと思ったら今週からは真夏日ばかり…ここからがようやく夏という感じですね。

田辺：そうだね。でも、前に言ったでしょ。梅雨が明けたからってすぐには夏パターンにはならないって。

マツ：ここからしっかり暑い日が続くことで、サマーパターンが本格化するわけですね。

田辺：状況的に水温が上昇する過程にあって、たとえば24～26℃とか、まだ完全に真夏の水温まで上がり切っていないなら、やっぱりおもしろいのはトップウォーターだよ。もちろん、水温が上昇してからでも朝夕のフィーディングタイムはトップが活躍してくれる。

マツ：ということは、今週のルアーはトップということでしょ

うか?

田辺：そう、かなりオーソドックスだけど、やっぱり水面のゲームっていうのは掛け値なしにおもしろいからね。7月の頭に紹介したデカトップとは明らかに異なるパターン、今回のは普通にベイトフィッシュを捕食している魚を釣るための展開だよ。

デカトップは、たしかにカバー周りではその存在感を存分に発揮してくれるんだけれど、フラットなオープンウォーターだと、場合によっては魚をビビらせちゃうことになりかねない（笑）。ということで、今回出すのはザグバグです。

ザグバグ2フック
[ノリーズ]

ザグバグ3フック
[ノリーズ]

マツ：ペンシルでも、スイッシャーでもなくて、ポッパーだと。

田辺：そう。点でもがくようなアクションを演出することもできるし、線でスピーディーに探ることもできる。それともうひとつ、トップウォーターの中でも、ポッパーは唯一無二と言っていい使い方ができる、いやそういう特性を持っているといったらいいかな。いろんな要素を備えてるから、ほかのトップウォータープラグに比べると誰もが使いやすいのがポッパーなんだ。

　夏休みにも入ったことだし、せっかくの季節なんだから、ぜひトップでバスを手にしてほしい。で、「いままでトップでバスを釣ったことがない」というアングラーにもオススメできるのがザグバグの2フックと3フックなんだよね。

　もうひとつの、ポッパーならではの誘い方、分かるよね？

マツ：…だいたい見当はつきますけど。

田辺：これについては、分かる人も多いだろうね。

マツ：ハイ。ズバリ、放置!!　どうですか？

田辺：…………放置ってキミね…まあそういう使い方もアリかもしれないけれど…… 基本的に俺の中ではナシだな（笑）。それなら別にポッパーじゃなくてもできるじゃん。ペンシルベイトにフェザーフック付けて水面に置いておくのと何にも変わらないし。虫ルアーでもいいだろうし。

マツ：たしかに…そうなんですよ。自分でもウスウス「放置だったらポッパーじゃなくてもいいよな」とは思ったんですが…(笑)。

田辺：ま〜た深く考えすぎじゃないのか？　あるいは何にも考

えてないか…(笑)。ポッパーって言ったら、ひとつしかないだろ。

マツ：う〜ん…。

田辺：ポッパーって、どんな形してる?

マツ：あ、ポップ音?

田辺：そうだよ。それしかないだろ!!　ポッパーっていうのは、頭のカップで水をつかんで、捕食音が出せるんだよ。ほかにそんなルアー、ある?

　そりゃ、アマゾンで使うような超ビッグなプロップベイトだったらジャークで捕食音を演じることができるけれど、ポッパーはあんなコンパクトなひと口サイズなのに、ボコンッ!!　と、音を立ててバスを誘うことができるんだ。いわばストロングフィネス。強烈なアピール力を備えた食わせのルアーなんだよ。

マツ：スイマセン…深く考えすぎました…テヘ。もう、たしかに言われてみると、あんな音を出せるルアーはポッパーくらいですね。

田辺：だろ？　ペンシルは首振りができる。スイッシャーは線とスプラッシュで誘うことができる。**でも、捕食音で誘えるっていうのは、ポッパーだからこそ。いろんな使い方ができて、なおかつ誰もマネできない必殺ワザも持ってるわけだよ。**

マツ：ってことは、捕食音メインで使うということでしょうか？

田辺：いや、それはその場に合わせてあげればいい。広いフラットを探るならトゥイッチ＆リトリーブでテンポよく探っていけばいい。この使い方は、バズベイトに近いね。ニュートラルなバスにスイッチを入れることもできる。ただ、状況にハマらないと反応してくれない。オーバーハングの下とか、短い距離で勝負するなら首を振らせてじっくり誘ったり。もちろん、いろいろな動きを組み合わせてもいいよ。

　ただ、ひとつ言えるのは、**魚の活性が高いと思ったら、音で誘う。**しっかりと水を捕えてボコンッ、バコンッと。

　誘い方とアプローチによって変わってくるから、俺の場合ロッドはLアクションをベースに使い分けてます。ラインはナイロンでもフロロでもOK。ただし、フロロを使う場合、ロングディスタンスで釣るときは速いアクションで誘ったほうがいいよ。遅いとラインが沈んで思いどおりに動かせなかったりするからね。

マツ：なるほど。ちなみにザグバグのサイズを、田辺さんはどう使い分けているんですか？

田辺：飛距離です。シンプルでしょ。2フックも3フックも、普通にアクションさせるなら誘う力はそれほど大きくは変わらない。だから、**接近戦なのかロングキャストしたいのか、投げやすさで選べばいい。**俺の場合、込み入った場所には3フックを多用するんだけど、それはウエイト的に投げやすいから。さらに付け加えると、マズメ時にバスの活性が高いと感じたら3フック。ボディの長さを生かした強い首振りをさせることで、よりアピール力のある音を立てながらガンガン攻めていけるからね。

　とにかく使いやすくて釣れるポッパーだから、ぜひ使ってみてください。

TACKLE DATA

■ロッド：ロードランナー・ヴォイス・ハードベイトスペシャル HB560L、
　　　　 HB600L、HB630LL など［ノリーズ］
■リール：カルカッタコンクエスト100DC、アルデバラン MGL、
　　　　 メタニウム MGL、アンタレスなど［シマノ］
■ライン：シーガーR18 フロロリミテッド12ポンド［クレハ］

マレーシアで思ったこと。

ルアーフィッシングが盛り上がりを見せるアジア諸国

マレーシアに行ってきました。と言ってもロケではなく、週末に行なわれた現地のフィッシングショーに参加するのが目的。マレーシアの老舗ディストリビューターからノリーズの商品をどうしても展示したいという要望があり、彼らのコーディネートでセミナーも実施することになったのです。

マレーシアは、ここ3年ほどで急速にルアーのマーケットが拡大したんだよね。(まあ、それは、中国、シンガポール、インドネシア、タイなどアジア諸国に共通して言えることなんだけど…)

この国における淡水でのルアー対象魚というと、代表的なのはトーマン(ライギョと同じタイワンドジョウ科の一種)。少し前にはピーコックバスが増えていたけど、いまは減少傾向にある。ほかにサバロっていう小さめのフィッシュイーターがいるけれど、内水面はけっこうプアなんだ。

たしかに市場そのものは一気に拡がりを見せた。でも冷静に俯瞰すると、俺的にはいまの状況ではこれ以上の伸びはあまり期待できないのでは？　というのが正直なところ。

その最たる理由として、アジアの国々は"キャッチ＆リリース"が定着しづらい土壌だというのが挙げられる。彼らにとって釣りは"キャッチ＆イート"が前提であり、釣った魚は食べて当たり前。つまりブームになればなるほど資源が枯渇してしまうんだ。

トーマンをルアーで狙うというスタイルを提唱してきた現地の先駆者たちは、たしかにそのあたりの事情をしっかりと理解しているよ。でも、ブームに乗ってエントリーしてきたアングラーには、そういった意識がまったくない。

　かつてピーコックバスが増え始めた頃、このままならメインのターゲットフィッシュになるだろうなと感じるくらいの勢いがあった。ところが、いまや明らかに数が減ってしまってノーフィッシュが当たり前…これに関して地元の事情通に「増えなかったの？」と聞いてみたら、「みんながみんな、釣ったピーコックを食べてしまったんだ」と。

　結果、釣れない魚を狙う釣りそのものが廃れてしまう。

　日本のエギングもまったく同じ流れだよね。誰もかれもが防波堤でエギをしゃくり始めた途端に一気に釣れなくなってしまった。俺自身は、エギングブームの走りの頃からずっとメディアでリリースを提唱していたけれど、それはもう悲しいかな多勢に無勢。

　日本人にとって「イカは食べて当たり前」のターゲットであって、多くのアングラーは釣ったら釣ったぶんだけすべて持ち帰ってしまう。なかには、「どうせ放したって死んでしまうから」と触腕をVの字に広げてぶら下げた写真を雑誌に掲載するアングラーもいたり…そしてイカ絞めピックが飛ぶように売れ…結果的に釣れなくなってエギングが廃れ、あっという間にマーケットはシュリンクしてしまったという。

　だからマレーシアで、ノリーズのルアーを使いたい、ロードランナーが欲しい、という声が上がるのはとてもありがたいことなんだけれど（それこそロードランナーの現地価格は大卒初任給より高価なもの、にもかかわらず）、そこに未来が感じられるかというと頭の中にはクエスチョンマークが浮かんでしまうのです。

魚がいなければ釣りは成立しない。

　ルアーフィッシングを嗜もうというアングラーは、エサ釣りに比べると研ぎ澄まされた感覚を持とうとして、まだキャッチ＆リリースという行為そのものを受け入れる素地があるのかもしれない。とにかく何が何でもたくさん釣りたい！　という人は、やっぱりエサ釣りを選ぶだろうからね。

　だから現状を改革する突破口としての役目を果たす可能性は少なからずある。

　とはいえ、ルアーフィッシングがアウトドアスポーツのひとつのカテゴリーとしてアジアの国々に定着するためには、そのあたりのバランス感覚や高い意識を初〜中級者にどう植えつけるかが課題であり、現地の"土壌"を踏まえるとそれは一朝一夕でクリアできるものではないというのも確かなことなんだよ。

　この点に関して言えば、日本だって似たようなもの。淡水の魚については好んで食べる習慣が失われつつあるからバス以外でもキャッチ＆リリースが通例となっているけれど、それこそエギングが良い例（悪い例か？）で、海にはまったくと言ってよいほどルールが存在していない。

　暮らしが豊かというだけで先進国の仲間入りをしているという感覚になりがちだけど、いやいやアウトドアレジャーに関しては日本もまったく遅れてますから。

　アメリカはもう何十年も前に、湖も川も海もライセンス制を取り入れて、持ち帰りのできる体長や尾数を制限しているからね。

　たとえば、ぜんぜん釣れなくて、苦労してやっと手にしたバスの口にフックマークが付いていたという経験がある人も多いと思う。それを見て残念に思うのではなく、誰かがリリースしてくれたから

こそ、その魚を今、自分がキャッチできているわけで、むしろ感謝すべきだと思うんだ。

どんなにうんちくを並べようが、どんなに優れた道具を開発しようが、魚がいなければ釣りは成立しない。

これから先もずっと釣りを、バスフィッシングを楽しみたいなら、プロも、メーカーの人間も、メディアの人間も、もちろん一般のアングラーも、そのことを真剣に考えていかなければならない。

今回マレーシアに行って、あらためて強くそう感じたのでした。

（ルアマガモバイル2016年6月4日掲載）

【夏はやっぱりトップでしょ!! PART1】

マッチ・ザ・エビの選択肢!!

マツ：毎日暑くて、すっかり夏ですね…。そんな今週は…?

田辺：前回はポッパーでフィーディングバスを釣っていくっていう話だったわけだけれど、やっぱり時期が時期だから、自分のゲームっていう点を踏まえると今回も主軸はトップになる。いや、是が非でもトップで釣りたいっていう精神論的なものではまったくなくて、**実際に効率の良さとか反応する魚のサイズを考えていくと、必然的に水面のゲームがクローズアップされてくるんだよ。**

マツ：やはり、夏こそトップ!?

田辺：そう。だから今月はトップが多いよ（笑）。でね。まず今のタイミングで入れてみたいのがビハドウ80。 レイダウンミノー・ウェイクプロッププラスとかビハドウの110サイズもありだけれどね。

ポッパーは割りと広いエリアを探っていく、つまり横方向への動きで誘えるルアーとしても挙げたわけだけれど、同じ横の釣りでももっと具体的に食わせどころが絞られる場合に投入したいのがコレなんだ。

ビハドウ80
[ノリーズ]

マツ：食わせどころというのは?

田辺：たとえばシャローフラットに絡んだウッドカバー。倒木とか冠水ブッシュとか。単発のクイとかじゃなくて、もう少し規模のある障害物がいい。あるいは地形変化、ハードボトムのシャローフラットなら、その両サイドは要チェックです。水深でいうと…そうだな50、60センチとか、そんな程度。浅いから、テキサスリグをボチャっとダイレクトに落とそ

うものならスプークさせちゃうし、ノーシンカーを入れ込んでも気付いてもらえない。かといってアピールの強いトップだと、やっぱり引いちゃう。

　そんな場所でビハドウを投げて、たまに「チャリチャリ♪」ってプロップとヒートンの接触音が出るようにアクションさせながら通過させると、下からガボッ!!　と(笑)。

タックルに関しては、スローなただ巻きをベースにほんのちょっと手首を返してちょんちょんとロッドワークを与えるから、ロッドが長いと操作しづらい。俺的には6フィート4インチまでで、バイトを弾かないティップを備えたものを使ってます。ラインはフロロ。トップの釣りだけれど、常に動かし続けるからフロロの比重でラインが水中に沈み込んでしまう心配はないからね。

マツ：この場合のビハドって…リアクションの釣りではないですよね。アクション的にはどちらかと言うと"食わせ"になるんでしょうか?

田辺：「え?」って思うかもしれないけれど、俺の中でこのパターンはマッチ・ザ・ベイトなんですよ。

マツ：え?　というと、イナッコをイメージしているとか…?　酸欠でパクパクしてるような…。

田辺：いや、違う。小魚系ではなく、テナガエビとかスジエビを意識しています。

マツ：え?　エビ…ですか?

田辺：今くらいの時期になると、流れのある上流なんかを除けば、ベイトフィッシュは深いところに行ってしまったりするでしょ。となると、シャローはエビ系がメインベイトになる。それを意識している個体には、ライトで細身のトップが手堅いんだ。なかでも、小型のペラやブレードがついたものは、派手すぎないナチュラルな波動が作れる。**波があると機能しなくなっちゃうけど、日中でもシェードを意識して釣っていくとしっかりス**

コアが出せる釣りなんだよ。

マツ：エビ食いを狙ったトップ…見た目に似ているものだけがマッチ・ザ・ベイトではないんですね。

田辺：そりゃ、バスがビハドウをエビだと思って食ってくるか本当のところは分からない。でも、その場所で、エビを食っているバスがビハドウに反応するのはたしかなわけで、本能に訴えているのかもしれないね。

マツ：イメージが明確であれば、使う自信につながります。だんだん、ビハドウがエビに見えてきましたよ（笑）。水深的にかなり浅い場所を狙うわけですが、アプローチで気を付ける点とか、ありますか？

田辺：そんなに難しく考える必要はないよ。カバーに対してタイトに引いてくればいい。ただ、多少なりとも流れがある場合は、障害物の流れが当たる側を意識してトレースするのがキホン。まあ、それはビハドウに限った話じゃないけどな。一番食い気のある魚は、間違いなくそのポジションに陣取ってるからね。

```
TACKLE DATA
```

■ロッド：ロードランナー・ヴォイス・ハードベイトスペシャルHB600L、HB630LL、HB640MLなど［ノリーズ］
■リール：カルカッタコンクエスト100、バンタムMGLなど［シマノ］
■ライン：シーガーR18フロロリミテッド12ポンド［クレハ］

エビガエル
[ノリーズ]

撃つフロッグ!!

田辺：今回はね、エビガエルのパターンだよ。でも、前に紹介したアフターの魚を狙う釣りとはまったく違う展開。ある意味では、ワームの釣りに近い感覚なんだけど。

マツ：エビガエルでワームの釣り？　たしかに、ソフトベイトといえばソフトベイトですけど…。テキサスリグで使う、とか？

田辺：……電話切っていいか？

マツ：すみません(汗)。

田辺：フロッグっていうと、リリーパッドとかヒシモとか広く水面を覆ってるエリアで使うイメージがあるでしょ？　でも、それだけじゃないぞ、と。

マツ：う〜む。そのココロは？　たとえば、一点でじっくりとシェイクするとか？　そういうことでしょうか？

田辺：いや、違う。別にムシ系の釣りをしようっていうわけじゃ

ない。

マツ：でも、浮いているわけですよね。

田辺：そりゃ、フロッグだからな（笑）。ちょっと分かりづらいかな？　答えそのものはシンプルなんだけれどね。リズムの話だよ。

マツ：ワームに近い…スローにアクションさせるということでしょうか?

田辺：むしろ逆。ワームの釣りって、それだけじゃないでしょ。さっきも言ったけど、フロッグって、何かしらカバーの絡んでいるところで使うイメージが強いでしょ。 パッドもそうだけど、ゴミ溜まりとか。でも、活躍の場所はそれだけじゃない。たとえばアシ際とか水面との隙間がないオーバーハングとか、普通のトレブルフックが付いてるトップじゃ躊躇しちゃうような場所に入れていってもいいわけだよ。

　つまり、高比重ワームのノーシンカーとかテキサスを入れていく感覚で、エビガエルを使ってピッチングやフリップでテンポよく探っていくっていうのが今週紹介する釣り。

　アシ際をワームで撃っていくっていうのは、普通にみんながやるよね。だからバスも見慣れていて落ちていくものには反応してくれない。でも、水面に浮いているフロッグにはつい口を使ってしまう。そういうケースがあるんだよ。スナッグレス性能は申し分ないわけだから、ところどころにアシが倒れていたり、ちょっとしたゴミがあったとしても、なんのストレスもな

147

く撃っていけるしね。**いわばワームの接近戦、ピッチングやフリッピングの精度とリズムでエビガエルを撃っていこうというわけです。**

マツ：なるほど!! フォールしないワームを水面に置いていくような感覚でしょうか？

田辺：そうです。しっかりした着水音ではあるんだけど、テキサスのボチョンっていうのとは明らかに違う、フロッグならではの派手すぎないサウンドでまずは誘うことができる。もしくは岸にワンクッションさせて落とすのでもいいよ。

その着水でバスは気付いて浮いてきて、エビガエルならではの短い移動距離でピッピッと首を振らせた瞬間にパクッ!! っていうイメージ。それで反応がなければ、ピックアップして次

ワームを落とす感覚でエビガエルを入れていく!!

148

のキャストに移る。ワームを岸際に落として、2、3回シェイクで誘って食わなかったら次のキャストっていうのとまったく同じリズムだね。

マツ：ということは、タックルも相応のものを用意したほうが良いわけですね?

田辺：フロッグって言うと長くて硬いサオを使うイメージがあるだろうけど、**接近戦でのアキュラシーと操作性を考えたらショートロッドが絶対的に有利になる。**これがワームの釣りだったら、ロッドを上にさばくから長くても問題ないけれど、フロッグの場合はルアーを入れたあと、ティップを下にしてピッピッと2、3回アクションさせるからね。ショートディスタンスが前提だから、フッキングのストロークも必要ない。ということでオレ的には630MHがイケてます。

マツ：これは楽しそうですね〜! しかもワームと違ってバイトが丸見え!!

田辺：そりゃ楽しいよ!!（笑） ルアーはこう使わなくちゃダメなんていう決まりはないからね。考え方をちょっと変えるだけで、けっこう発見があったりする。それもバスフィッシングの奥深さであって、おもしろい部分なんだよな。

```
TACKLE DATA
```

■ロッド：ロードランナー・ヴォイスLTT630MH［ノリーズ］
■リール：アンタレス、メタニウムDC HG、
　　バンタムMGL XGなど［シマノ］
■ライン：PE3〜5号

【夏はやっぱりトップでしょ!! PART3
アオコ攻略編】

マイナス要素を
プラスに転換する
複合シェード!!

マツ：暦のうえでは立秋を過ぎたわけですが、まだまだ夏って感じですよね。

田辺：まだまだ夏って感じだな（笑）。

マツ：今回、読者さんからいかにも「夏と言えば!」的な質問が届いたんですが…アオコだらけの状態で、どう釣ればいいのか分からないという…田辺さんの中でアオコ対策ってあるんでしょうか？　アオコが発生しているレイクでは、その影響が少ない、水の良い場所を狙うなんて言われますが…。

田辺：ひとつの考え方として、それは基本になる。でも、場合によってはアオコがキーになることもあるんだよな。

マツ：アオコがキー？　釣れる要素になるということでしょうか？？？

田辺：そう。よし、今週はアオコ攻略を考えていこうか。使う

ルアーを先に言ってしまうとデカトップ。俺的には、操作感からも特にハマるのがウォッシャーだね。

ウォッシャー
[ノリーズ×アカシブランド]

マツ：デカトップでアオコを狙う…と?

田辺：いや、ただ単にアオコが覆っている場所を狙えばいいっていうワケじゃない。もうひとつ必要な要素があるんだ。なんだと思う?

マツ：アクションでしょうか？　その存在感で誘うっていう。

田辺：いや、ルアーについての要素ではなくて、シチュエーション、その場の条件だな。もちろん存在感で誘うわけだけど、デカトップだからこそハマる場所がある。

マツ：………。

田辺：シェードだよ。シェード!! **障害物のシェードとアオコのシェードが複合することによって、魚は安心して躊躇なくデカ**

トップに反応してくれるんだ。これがアオコがないところ、クリアウォーターで普通のシェードにウォッシャーを入れていっても食ってくれない。逆にそんな場所にデカトップを入れたらドン引きだよ(笑)。

マツ：アオコを上手く味方につければ、デカトップが楽しめるパターンがある、と。

田辺：そう。普通のルアーじゃ誘えないからね。岩盤のシェードにアオコがどよ〜んと溜まっていようものなら、シメシメみたいな(笑)。**このパターンは食えばサイズも良いんだよ。**

マツ：それこそ、普通に考えたらアングラー側がドン引きするシチュエーションですね。

田辺：だな(笑)。特に良いのは、たとえばきれいな水が注ぐイ

ンレットの周辺とかクリアウォーターにほど近い場所にどっさりアオコがあるケース（笑）。使い方は前回のエビガエルとほぼ同じ!!　まずは着水で誘い、そのあと2、3回アクションを与えてピックアップ。

　ただし、アオコがダメなケースも当然ある。それまでマット状にかたまっていたアオコが、風が吹いて水の中に拡散されてしまったら、このゲームは終了です。

㋮㋹：なるほど。う〜む、アオコの中で釣りがしたくなってきました。

田辺：まみれてみてください（笑）。

TACKLE DATA

■ロッド：ロードランナー・ヴォイスLTT630M、
　　　　　ハードベイトスペシャルHB630Mなど［ノリーズ］
■リール：カルカッタコンクエスト100［シマノ］
■ライン：ナイロン20ポンド
※正確なキャストとロッドワーク重視のセッティング。
　フッキング効率を高めるため、ラインは太めをチョイス（伸びが少ない）。

第4週【夏はやっぱり……でしょ?】

ほとんどのアングラーが気付かないマニアックなゲーム!!

マツ：まだまだ夏って感じですね。

田辺：まだまだ夏って感じだな…って先週もこんな始まり方じゃなかったか?

マツ：そうでしたっけ? あまりの暑さで最近、記憶が飛ぶんですよ。

田辺：それ、トシのせいじゃないのか?

マツ：………。まだまだ夏真っ盛りな気候の今日この頃ですが、さっそく本題に入りましょう。田辺さんが考える今週のパターンとは?

田辺：ここのところずっとトップの釣りだったでしょ。だから今回はね、レンジ的にはそれとまったく逆の展開だよ。

　ある意味、かなりマニアックなパターンなんでまず必要な条件から先に言ってしまうと、水深4〜5メートルで湧水のあるス

ポットを狙う釣りだということ。そしてルアーはクリスタルSディーパーレンジ3/4オンス。水が濁り気味だったらパワーロールの3/4オンスか1オンスだね。

クリスタルSディーパーレンジ
3/4オンス［ノリーズ］

クリスタルSパワーロール
1オンス［ノリーズ］

マツ：4〜5メートルでディーパーレンジかパワーロールってことは…湧水のある場所でスローロールさせる、と?

田辺：そうです。そのとおり!

マツ：スミマセン…田辺さん、じゃあ湧水ってどうやって探すんでしょうか?

田辺：目!

マツ：へ? 目?

田辺：そうだよ（笑）。まぁ、魚探に映ったりもするけど、目で見て分かれば一番手っ取り早いよね。これは天然湖やリザーバーでの話になってくるけれど、周囲の景色を見て、山と山が重なって谷になっている場所の沖だとか、枯れている沢の沖だとか、そういった場所で水中に目を凝らすと水がゆらゆらと動いていて気付いたりする。もしくは泡がゴボゴボと噴き出して

いたり、状態としてはこれがベスト。あと、レンタルボート屋さんに聞くのも手だよね。

マツ：いずれにしてもマニアックですね(笑)。

田辺：そう。ほとんどのアングラーはそういったものがあるなんてあまり考えてないからスルーしちゃうんだけど、そのスポットがほかより水温が低ければ当然魚は集まるよな。障害物も何もないのになんで釣れるんだろう？　と思ってよくよくチェックしてみると湧水だった、みたいなケースがあるんだよね。

マツ：以前、某湖で水面にぽこぽこ泡が出ている場所があって、「これは湧水でしょ!!」と執拗に狙ったんですがウンともスンとも言わず…メタンガスだったという(苦笑)。

田辺：釣り場のあるあるだな(笑)。

マツ：ところで田辺さん、この場合のスローロールは、具体的

にどんなイメージで巻くと良いんでしょうか?

田辺：いったんボトムをとったら、そのまま底付近でゆっくり這わせる感じ。**3/4オンスとか1オンスを使うのは、ちゃんと底を引けるからなんだ。**軽いと、かったるいからね（笑）。ただ、普通にリールを巻いていると感覚がつかめなくてスピナーベイトがだんだん浮いてきちゃうから、**最初はワームをズル引くようなイメージでスイープなロッドワークを繰り返したほうがいいかもしれない。**

でね、スローロールに使うのはロングロッドであることが前提。巻き物でそれなりに深いレンジを狙う場合、しっかり投げることができないとラインとルアーに角度がつきすぎてボトムを横に引くことが難しくなっちゃうからね。あと、長さがあればロッドワークによるストロークも長く取れるというメリットがある。とにかく、この釣りで食ってくるのは間違いなくデカイよ（笑）。かなりマニアックだけれど、自分が行くレイクで湧水の存在に気付いたら、ぜひ試してみてほしい。

マツ：もし発見できたら冬の釣りにも生かせそうですね!

田辺：だな。**でも夏の湧水って、冬よりもはるかに高確率でパターンとして成立するんだぜ。**

TACKLE DATA

■ロッド：ロードランナー・ヴォイスLTT6100H
　　　　もしくはハードベイトスペシャルHB760M［ノリーズ］
■リール：カルカッタコンクエスト100もしくは200［シマノ］
■ライン：シーガーR18フロロリミテッド14もしくは16ポンド［クレハ］

ライトリグや サイトフィッシングを する前にやるべきこと!!

(某日、恵比寿の某喫茶店にて)

マツ：田辺さん、ウワサによるとまた高滝で良い釣りしたみたいですね。

田辺：ウワサってなんだよ（笑）。火曜日の高滝だろ？　そんな爆釣ってほどでもないけどな。良いテストにはなったよ。フラチャットで3本釣って、エビガエルで1本、開発中のプロトでちょこちょこって感じだな。

マツ：「開発中のプロトでちょこちょこ」っていうのが気になります。

田辺：企業秘密です（笑）。それはさておきあらためてフラチャットの力を感じることができた。**ブレーデッドジグっていうのは、明確なローテーションの位置付けができる巻き物なんだ。** たとえば…高滝のクリーク、古敷谷の一発めのベンドの手

前で本湖に向けて幅が広がるでしょ。あのエリアって、ボトムがどうなってるか知ってる?

マツ：オダがあるって聞いたことがあります。

田辺：そう。そのオダに対してタイトに巻いてもフラチャットはまったく引っ掛からないんだよ。ロープなんかもそう。これでもかって感じでしっかりコンタクトさせても、ぷるんっとクリアしてくれる。

　巻いていて浮き上がりづらいのも、このルアーの特徴のひとつ。チャター系って引いているとだんだん浮いてきちゃうのが多いんだけど、フラチャットの場合はいわゆるリップのついたプラグと同じで、下へ下へと潜ろうとする力が働くからレンジキープもしやすい。

　そのへんをひっくるめて今のタイミング、暑さでクランキングはもちろんスピナーベイトのスローロールでも反応しない浮いている魚にも、フラチャットは効くんだ。使ってみれば一発で分かるよ。

フラチャット＋フラバグ
[ノリーズ]

マツ：なるほど、つまり今週はフラチャットを巻け！　と？

田辺：いや、それもありなんだけれど、もうすぐ9月だというのに、この暑さでしょ。ここはひとつベーシックなサマーパターンを紹介しておくよ。暑けりゃ当然、魚は上流に行くよね。

マツ：ってことは、バックウォーターとかインレットとかを狙うということでしょうか？

田辺：そう。でね、そういったエリアってたいていは水がきれいでしょ？　となると、多くのアングラーが選ぶのは、たとえばネコリグだったり、ピクピクだったり、スモラバなどのライトリグになると思うんだ。そこであえてトップを使う。

　そういった場所の魚って、たいていどの湖でも"天才クン"とか言われてるわけだよね。でも、ボートの存在だとかアングラーの存在を知られる前のファーストキャストならそんな天才クンを反応させられる可能性が高い。**そこでライトリグじゃなく、飛距離が出せて、なおかつシルエットをはっきり見せないトップが有効になるわけだ。**

　このとき、使うルアーはペンシルベイトでもいいんだけれど、俺はポッパー、ザクバグを勧めるよ。

　ペンシル的要素を持った細身のボディにプラスして捕食音で誘えるから、一撃でルアーの存在を気付かせてスクールで追わせることもできるからね。

マツ：とにかく1投めでキメろ、と？

田辺：そういう気持ちでフルキャストしながら前へ前へと釣り

進んでいく感じだよ。**岸際のシェードにいるバスをサイドまで引っ張り出してやるぜっていうイメージだね。**そうしているうちに、シャローフラット側がいいとか、ディープが近いバンクがいいとか、ヘコミがあるといいとか、反転流を求めているんだなとか、いろいろ情報が入ってくるから。

　そのためにも、ディスタンスをとったアプローチが可能なタックルが必要。**このパターンはなんと言っても正確に、飛距離を出すことが一番重要なキモになるからね。**

ザグバグ3フック
[ノリーズ]

マツ：勝負も早いわけですもんね。

田辺：早い。だから、それで反応しないようならスローダウンすれば良いワケだよ。最初からスローダウンして「サイトで食わせるぜ」なんていう展開をするんじゃなくて、まずは「ヤル気がある魚を誘うぜ」、と。

マツ：そういったシチュエーションで、ポッパーっていうのはスクールのスイッチを入れやすい、ということでしょうか?

田辺：まぁ、デカすぎないルアーで、岸際から魚を呼ぶには十

分な強さと見切られないシルエットがあればペンシルベイトでも良いです。アッパーカッターとかね。あくまでもシャローで、クリアウォーターが前提の話だよ。

マツ：アクションは、やっぱり高速引きですよね？

田辺：こないだ一緒に釣りしたときもそうだけど…マツはいつでも速く引きたいんだな（笑）。状況にもよるけれど、速すぎるとそこにいる個体のうち1尾だけが反応して、そのあと周囲にいた魚たちも感化されてV字の編隊になったままついてくる。でも、結局食わずに足元まで来て終わりってことになりかねない。だから、ちゃんとアクションを与えてきっちりと誘ったほうが良いよ。スイッチさえ入れられれば良いからね。

マツ：…これからはちゃんと動かしてみます（汗）。

TACKLE DATA

■ロッド：ロードランナー・ヴォイス・ハードベイトスペシャル
　　　　HB630LL [ノリーズ]
■リール：カルカッタコンクエスト100 [シマノ]
■ライン：シーガーR18フロロリミテッド12ポンド（クレハ）

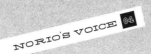

バスフィッシングは常に進化している。

体幹トレーニングの成果

　この数年、自分が手にするバスのサイズが明らかにデカくなっているんだけれど、その確率がより高くなり、しかもデコらなくなった（笑）。

　いや、けっしてまったくデコがなくなったわけではありませんよ…ただ、デコっちゃいけなくて、かつデカいのを釣らなければいけない状況（それはロケが大半ですが）に置かれたとき、1日にワンバイトあるいは2バイトしかなかったとしても、それをしっかりとモノにできるようになってきたんだよね。

　運やマグレもゼロじゃない。もちろん、何度も言っているように、そもそもデカい個体を狙っているというのはたしかに大きい。

　じゃあ、何が変わったのか？　そのひとつとして考えられるのがフィジカルのチューンナップ。中目黒にあるPCPというジムに週イチペースで通い、トレーナーのメニューにあわせて体幹トレーニングを中心に身体を鍛えているのです。釣りをするにあたって目に見えるものではないけれど、その成果が釣果にもつながってきているのかな、と。

　こういう話をすると「え？　鍛えなきゃ釣れないの？」と思う人がいるかもしれない。

　いや、そうじゃなくて、ここで言う"鍛える"というのは何も、筋肉隆々のボディに仕上げましょう、ということじゃありませんよ。

　週イチで身体を動かすメリット、それは集中力を高めることに寄

バスフィッシングは常に進化している。

　与しているのかもしれず、ひいては5センチ刻みのキャスト精度を"今の自分なりに"高めることにもつながっているかもしれない。そしてバスは、そういうアングラー側の"変化"に応えてくれる、ような気がするのです。

　理論でも理屈でもない。間違いなく「これでしょ」というものではありません。ただ結果は、明らかについてきているのを実感しています。

"チャレンジ"が新たなトビラを開く

あとひとつ。今、自分が釣り場で費やす時間の大部分は、新しい何かだということ。もちろん、スピナーベイトやバズベイトなど定番的なものが活躍する場面もあるけれど、「昔は良く釣れたね」というルアーだけで展開していない。自分が開発するものを中心に、新しいルアーの出し入れに多くの時間を割いているのです。

そこにあるのは、発見だよね。「お、こういうときにこれが効くんだ」とか。そういうチャレンジを、たとえロケであっても実践しているのです。

バスフィッシングは常に進化している。逆に言うと、進化を求めることが自分自身のバスフィッシングなのだと思っている。要するに、そういうことなのです。

自分が得意とするルアーや持ち駒を封印することで、新たな引き出しが増えていくのは間違いのない事実。とはいえ誰かれもが、そういうゲームをできるわけじゃない。人それぞれに事情があって、たまの休日、久しぶりの釣行となれば、やっぱり得意技に頼りたくなるのも仕方がないことだと思う。

だからもし、割りと頻繁に釣りに行ける環境にあるならば、ぜひ"チャレンジ"してみてほしい。そういうゲームを心掛けることで、新たなトビラが開くはずだからね。

（ルアマガモバイル2017年12月31日掲載／2017LAST VOICEより抜粋）

田辺哲男 NORIO TANABE
ビッグバス
WEEKLY BIG BASS PATTERNS パターン
アカデミー

秋・冬編につづく

カバーデザイン	四方田 努（サカナステュディオ）
本文デザイン・DTP	サカナステュディオ
本文イラスト	小倉隆典
カバー写真	マツ（ルアーマガジン編集部）

ルアマガブックス 003

田辺哲男
ビッグバスパターンアカデミー
春・夏編

発行日　2019年4月26日　第1刷

著　者	田辺哲男
発行者	清田名人
発行所	株式会社 内外出版社
	〒110-8578　東京都台東区東上野2-1-11
	電話　03-5830-0368（販売部）
印刷・製本	中央精版印刷株式会社

ⒸNorio Tanabe 2019. Printed in Japan
ISBN 978-4-86257-462-6

本書を無断で複写複製（電子化を含む）することは、
著作権法上の例外を除き、禁じられています。
また本書を代行業者等の第三者に依頼してスキャンやデジタル化することは、
たとえ個人や家庭内の利用であっても一切認められていません。
落丁・乱丁本は、送料小社負担にてお取り替えいたします。